MZ 대학생 실전 러시아어

MZ 대학생 실전 러시아어

초판1쇄 인쇄 2025년 8월 25일
초판1쇄 발행 2025년 8월 29일

지 은 이 드에드워드
펴 낸 이 신일희
펴 낸 곳 계명대학교 출판부
출판등록 제347-1998-1호(1970. 9. 1)
주 소 대구광역시 달서구 달구벌대로 1095
대표전화 053-580-6233
팩 스 053-580-6235
홈페이지 www.kmupress.com

ISBN 979-11-6516-257-3 03790 정가 18,000원

MZ 대학생 실전 러시아어

드에드워드

계명대학교 출판부

머리말 Предисловие

이 교재는 러시아어를 전공하는 2~3학년 학생들의 구어 능력 향상을 중심 목표로 하여 제작되었습니다. 러시아어와 러시아 문화를 심화 학습하는 청년층 학습자들을 위한 동기 부여형 대화문을 구성하는 데 중점을 두었습니다. 본 교재는 다음과 같이 세 부분으로 구성되어 있습니다. 1부는 실생활 중심의 대화문으로 구성되어 있어, 자연스럽고 실용적인 회화 연습이 가능하도록 설계되었습니다. 2부는 토르플 1급 자기 평가를 위한 최소 어휘의 주제별 단원으로 구성되어, 어휘력과 문맥 이해도를 스스로 점검할 수 있습니다. 3부는 최신 토르플 1급+ 필수 어휘 목록을 정리하여 시험 준비뿐만 아니라 학습자의 어휘 체계를 정립하는 데 도움을 줍니다. 러시아뿐만이 아닌, 대한민국 내에서 러시아어로 소통할 수 있는 다양한 상황 별 모델을 반영하였으며, 실질적인 의사소통 능력 배양에 초점을 맞추었습니다.

저자는 본 교재의 구성에 참여한 학생들에게 (아나스타샤 산둘랴크, 임동현, 손재현) 깊은 감사를 표합니다. 학생들의 친구들, 그들의 이야기와 삶의 경험이 이 대화문에 생명력을 불어넣어 주었습니다. 대화문에 사용된 이름이 본 학과 학생의 실제 이름과 일치하는 경우가 있더라도, 이는 순전히 우연의 일치임을 밝힙니다.

드에드워드

차례 Содержание

RUSSIAN

I.

СОЦСЕТИ И ТЕХНОЛОГИИ

SNS와 테크놀로지

1. Проблема с компьютером (컴퓨터 문제)
2. ВКонтакте (VKontakte/브깐딱쩨)
3. Влог/Видеоблог (브이로그)
4. В Стиме (Steam/스팀에서)
5. Плойка (플레이스테이션)
6. ChatGPT (챗GPT)

01 Проблема с компьютером
컴퓨터 문제

러시아어

Ынджу: Натáша, привет, мóжешь помóчь?

Наташа: Да, конéчно, Ынджу, что случи́лось?

Ынджу: Да вот, загружáла ви́део в Óблако и бац! Комп зави́с, не знáю, что дéлать.

Наташа: А ты нажимáла святýю трóицу контрл, альт, дели́т?

Ынджу: Что это?

Наташа: Так это же диспéтчер задáч.

Ынджу: Ааа... Да, но всё равнó не вы́шло ничегó.

Наташа: Мóжет ты наскáчивала чего ли́шнего из инéта, и у тебя тепéрь мнóго ви́русов на компé, поэ́тому еди́нственный вы́ход - это контрлальтдели́тнуться.

Ынджу: Нет, у меня́ же есть антиви́русник, да и я не лáжу по сáйтам вся́ким.

Наташа: Тóчно, я же ви́дела, что у тебя́ диск С перепóлнен. В э́том мóжет вся причи́на!

Ынджу: Я дáже не знáю...

Наташа: Во вся́ком слýчае, тебé лýчше пойти́ в компью́терный сéрвисный центр. Мóжет придётся дáже виндý переустанáвливать.

Ынджу: Хорошó, но я всё же ещё раз попрóбую перезагрузи́ть кóмп, вдруг зарабóтает.

(Спустя 10 минут)

Наташа: Смотри́, получи́лось! Но тормози́т óчень.

Ынджу: Ну что ж, тогдá придётся ски́нуть все вáжные дóки на флéшку и идти́ в сéрвисный центр.

한국어

은주: 나타샤, 안녕, 혹시 도와줄 수 있니?

나타샤: 당연하지, 은주야, 무슨 일이야?

은주: 클라우드에 동영상을 올렸는데, 쾅! 내 컴퓨터가 작동을 하지 않아, 어떻게 해야 할지 모르겠어.

나타샤: 성삼위일체인 Ctrl, Alt, Del키를 눌러봤어?

은주: 그게 뭐야?

나타샤: 작업관리자 단축키야.

은주: 아… 알겠어, 근데 안 되네.

나타샤: 아마 인터넷에서 불필요한 것들을 다운받아서 컴퓨터가 바이러스 먹은 것일 수도 있어. 그래서 유일한 방법은 Ctrl, Alt, Del을 눌러 보는 거야.

은주: 아니야, 내 컴퓨터에는 백신 프로그램이 있어. 그리고 나는 아무 사이트나 들어가지 않는다고.

나타샤: 맞아, 네 컴퓨터에 C 드라이브 용량이 다 찬 것을 본 것 같아. 그거 때문일 수도 있어!

은주: 나 아직까지도 모르겠어…

나타샤: 어쨌든 컴퓨터 서비스 센터에 가는 게 좋을 것 같아. 윈도우를 새로 깔아야 할 수도 있어.

은주: 알았어. 그래도 컴퓨터를 한 번 더 재부팅 해볼게, 갑자기 작동할 수도 있어.

(10분 후)

나타샤: 오! 켜졌어. 근데 속도가 엄청 느려.

은주: 그럼 중요한 자료들은 모두 USB에 옮기고 서비스센터에 가야겠다.

Молодёжный сленг и нормативные соответствия

зависа́ть = проводить время (зависать с друзьями) или перестать работать о технике (компьютер завис)

ла́зить по сайтам = сидеть в интернете

свята́я тро́ица = контрл, альт, делит от англ. ctrl, alt, del

комп = компьютер

контрлальтдели́тнуться = нажать сочетание клавиш ctrl, alt, del

ине́т = интернет

антиви́русник = антивирусная программа

винда́ = операционная система Windows

тормози́ть = медленно работать (о технике)

ски́нуть = отправить; скопировать

флє́шка = usb-носитель

компью́тер глю́чит = компьютер плохо работает

до́ки = документы

ИНТЕРЕСНО

≪Голь на выдумки богата - 궁하면 통한다≫ - по-русски значит: бедный человек хорошо соображает.

С появлением компьютеров и техники жизнь россиян изменилась, но тяга к ≪сделать своими руками≫ никуда не делась.

- В России любят не просто пользоваться техникой, а разобрать, понять и починить, если что-то сломалось. И даже если оригинальных запчастей нет - не беда!
- Хороших ремонтных мастеров в России часто называют ≪золотые руки≫. Такие мастера могут заставить работать то, что давно признали ≪мёртвым≫ в сервисе.
- Вывод:
  Если техника ≪сдохла≫ - в России её не выбросят. Её починят, заново переберут и заставят снова работать.

Лексико-грамматический комментарий к диалогу

1. Лексико-грамматические явления:

- 구어체 형식의 줄임말 - (комп, винда, инет, доки)
- 구어체에서 사용하는 조사들 - (вот, ну всё же, может, бац, вдруг)
- 조동사와 동사원형의 결합 표현 - (можешь помочь, придётся переустанавливать)
- 강조 조사 ≪же≫ 사용 - (у тебя же есть антивирусник)
- 부사 - (всё равно, совсем, вдруг, очень)
- 관용 구문 (что случилось?)

2. Подробные пояснения:

- **구어체 줄임말과 슬랭들:**

  комп = компьютер [컴퓨터]

винда = Windows (система) [윈도우 (시스템)]

инет = интернет [인터넷]

доки = документы [문서]

☞ 구어체에서 자주 사용됩니다.

- **구어체에서 사용하는 조사들:**

  вот [자], ну [음], всё же [그래도], может [아마], бац [퍽!, 펑!], вдруг [갑자기] - 말에 자연스러움을 더해주며, 의심, 강조, 양보 등의 의미를 전달합니다.

- **조동사와 동사원형의 결합 표현:**

  можешь помочь? [도와줄 수 있어?] - 조동사인 мочь와 동사원형의 결합은 부탁을 표현할 때 사용합니다.

  придётся переустанавливать [다시 설치해야만 할 거야] - придётся와 동사원형의 결합은 어쩔 수 없이 해야 하는 행동을 표현합니다.

☞ кому (여격) + придётся + 동사원형 → Мне придётся всё удалить. (나는 전부 삭제해야만 할 거야.)

- **강조 조사 ≪же≫의 사용:**

  у тебя же есть антивирусник [너 백신 프로그램 있잖아] - же [정말로]는 문장을 강조하면서 명백함을 부각시켜줍니다.

- **부사 ≪всё равно≫:**

  Да, но всё равно не вышло ничего. [응, 하지만 결국엔 아무것도 안 됐어.] - всё равно [결국엔] 어떠한 행동이 있었지만 원하는 결과가 달성되지 않았음을 보여줍니다.

• **관용 구문 ≪что случилось?≫:**

что случилось? [무슨 일 있었어?] - 상대방에게 어떠한 일이 있었는지 물을 때 자주 사용되는 관용 구문입니다.

3. Мини-упражнения для закрепления материала:

☑ Упражнение 1. Дополните предложения, используя конструкцию можешь + инфинитив или придётся + инфинитив.

1. Компьютер не включается, мне _______ его нести в ремонт.
2. У меня нет мобильного интернета, тебе ______ скачать видео дома.
3. Если диск С переполнен, Вам _______ его почистить.
4. У меня завтра утром лекция. _______ встретить мою маму в аэропорту?
5. Я забыла свою ручку дома, ______ дать мне одну до завтра?

☑ Упражнение 2. Переведите на разговорный русский.

1. Компьютерная программа вдруг зависла.
2. У меня есть новая антивирусная программа.
3. Я нажал Ctrl + Alt + Delete, но ничего не происходит.
4. По ночам я люблю смотреть в интернете разные сайты.
5. Желательно копировать все важные документ на usb-носитель.

☑ Упражнение 3. Поставьте глаголы в скобках в правильную форму.

1. Наташа хорошо _____ (мочь) петь на корейском.
2. Вчера вечером Ынджу _____ (загрузить) видео в Облако.
3. (Нажимать) _____ контрл, альт, делит, чтобы открыть диспетчер задач.
4. Мне нравится эта песня, где я могу её _____ (скачать)?
5. Кажется, мой компьютер заражён вирусом. Завтра ___________ (переустановить) операционную систему.

02 ВКонтакте

VKontakte/브깐딱쩨

러시아어

Рома: Здарóва! Давнó не вúделись, я хотéл спросúть, ты есть в ВК?
Минчхоль: ВК? Что это?
Рома: Чё, ты не знáешь, что такóе ВК?! Ты ужé три мéсяца в Россúи!
Минчхоль: Это какóй-то сайт?
Рома: Да, тúпа Фейсбýка. Давáй я тебя́ там зарéгаю.
Минчхоль: Зачéм? Мóжно же на Фéйсе сидéть.
Рома: Нет, рýсские зависáют бóльше в ВК.
Минчхоль: Ок. Помогú мне зарéгаться.

Рома: Давáй вводú сюдá свой дáнные и залéй фóтку на áву.
Минчхоль: Всё, готóво!
Рома: Запóмни свой логúн и парóль.
Минчхоль: А что вообщé мóжно дéлать в ВК?
Рома: Мнóго чегó! Смотрú здесь твоя́ áва, выбирáй любýю фóтку. Мóжешь слýшать мýзыку, смотрéть видóсики и читáть инфý в рáзных пáбликах, запóстить свой нóвости или вы́ложить стóрис и мнóгое другóе. Тáкже чéкать странúчки друзéй и смотрéть их нóвости.
Минчхоль: Ок, спасúбо! Буду разбирáться.
Рома: А ты вообщé-то знáешь, что Телегрáм придýмал тот же чел, что и ВКонтáкте?
Минчхоль: Да ну, не мóжет быть!
Рома: Да, это так. Кóрни у Телéги из Россúи.
Минчхоль: Вот здóрово! А я и не знал. Сегóдня Телегрáм station стaнóвится популя́рным и в Корéе.
Рома: Рúли?
Минчхоль: Ну да. Несмотря́ на популя́рность Какаотóка, мнóгие корéйцы испóльзуют Телегрáм.

한국어

로마: 안녕! 오랜만이네, 너 혹시 VK 계정 있어?
민철: VK? 그게 뭐야?
로마: 뭐? VK가 뭔지 모른다고? 너 러시아에서 지냈는지 벌써 3개월이나 됐잖아!
민철: 그거 사이트야?
로마: 응, 페이스북 같은 거. 내가 거기에 네 계정을 만들어 줄게.
민철: 왜? 페이스북으로 하면 되잖아.
로마: 안돼. 러시아 사람들은 VK를 더 많이 써.
민철: 알겠어. 계정 만들어 줘.

로마: 여기 개인 정보 입력하고 프사도 올려.
민철: 다 됐어.
로마: 네 ID랑 비밀번호 기억해 둬.
민철: 근데 VK에서 도대체 뭘 할 수 있는 거야?
로마: 할 수 있는 게 많아! 여기 봐봐, 네 프사가 있고, 아무 사진이나 선택해 봐. 이제 음악도 들을 수 있고 동영상도 볼 수 있고 공개 게시물에서 다양한 정보도 볼 수 있고 게시물도 올릴 수 있고 스토리도 추가할 수 있고 많은 것을 할 수 있다고. 게다가 친구 페이지에 들어가서 걔들 소식도 확인할 수 있어.
민철: 오키. 고맙다! 이제 내가 한번 해볼게.
로마: 그나저나, VKontakte 만든 사람이 텔레그램도 만든 거 알아?
민철: 헐, 그럴리가!
로마: 응, 진짜야. 텔레그램의 원조가 러시아야.
민철: 와우! 몰랐네. 요즘 텔레그램이 한국에서도 인기가 많아지고 있어.
로마: 진짜?
민철: 응. 카톡도 인기가 많은데도 텔레그램을 쓰는 한국 사람들도 많아.

Молодёжный сленг и нормативные соответствия

даро́ва или здаро́ва = привет

ВК = ВКонтакте

чё = что

заре́гать = зарегистрировать от англ. register

Фейс = Фейсбук

Инста́ = Инстаграм

зависа́ть = проводить время

зали́ть = загрузить

фо́тка = фотография

а́ва = аватар

логи́н = имя от англ. login

видо́сик = видеоклип

и́нфа́ = информация

па́блик = публичное сообщество в соцсетях

запо́стить = разместить новость от англ. post

че́кать = проверять от англ. check

страни́чки = интернет-страницы

ок = хорошо от англ. ok, okey

вы́ложить = опубликовать

сто́рис = рассказ от англ. stories

чел = человек

Теле́га, ТГ = Телеграм

ИНТЕРЕСНО

ВКонтакте - made in Питер

Соцсеть ВКонтакте (ВК) - это как российский Facebook, только со своими особенностями. Она особенно популярна в Санкт-Петербурге - неудивительно: её создатель, Павел Дуров, когда-то был студентом СПбГУ.

Питер - это прям родина ВК, и многие до сих пор называют эту сеть <<наша>>.

Обратите внимание:

Хотя Facebook - американская соцсеть, среди молодёжи в России (и вообще у носителей русского языка) она тоже получила популярность. Особенно у тех, кто интересуется международными темами, учёбой за границей или работает с иностранцами. Но всё равно: для многих ВК - это ≪своё≫, родное, с мемами, пабликами, плейлистами и коллекциями любимых видеофильмов.

Лексико-грамматический комментарий к диалогу

1. Лексико-грамматические явления:

- 구어체 줄임말과 슬랭 (ВК, Фейсбук, Фейс, ава, постить, видосики, паблики, сторис, чекать, ТГ, Телега)
- 명령과, 청유의 표현 (давай вводи, загрузи, выбирай, запомни)

- 조동사와 동사원형이 결합되는 표현들 (можно сидеть, можешь слушать, буду разбираться)
- 조사와 서두 표현들 (ну, ок, рили, вообще, несмотря на)
- ≪что такое…≫ 문장 표현

2. Подробные пояснения:

- 구어체 줄임말과 슬랭:

  ВК = ВКонтакте (러시아의 SNS), Фейс(бук) = Facebook, ава = аватарка (아바타; 프로필 사진), ТГ, Телега = Телеграм (텔레그램)

  выложить [(사진, 글을) 올리다], постить [포스팅하다 (영어 post에서 유래)], чекать [확인하다 (영어 check에서 유래), сторис [(인스타그램 등의) 스토리], видосики [쇼츠 영상들]

- 명령과 청유의 표현:

  давай вводи [자, 입력해], залей фотку [사진을 업로드 해], выбирай [선택해], запомни [기억해]

☞ 구어체에서는 자주 ≪давай≫와 함께 결합되어 사용됩니다.

- 조동사와 동사원형이 결합되는 표현들:

  можно сидеть [앉아도 됩니다], можешь слушать [들어도 됩니다] - 가능성을 나타냅니다.

  буду разбираться [해결해 보겠습니다/파악해 보겠습니다] - 의도나 계획을 나타냅니다.

☞ 구조: можно [된다], нужно [필요하다], буду [~것 이다] + 동사원형

- 조사와 서두 표현들:

  ну [음], ок [오케이], рили? [리얼? (영어의 really에서 유래)], вообще [아예,

거의], несмотря на [그럼에도 불구하고] - 말에 감정과 자연스러움을 더해줍니다.

- ≪что такое…≫ 문장 표현:
  Что такое ВК? [브깐딱쩨 (VK)가 뭐야?] - 낯선 개념이나 단어의 정의를 묻는 데 쓰는 표현입니다.

☞ Что такое + 명사 ?

3. Мини-упражнения для закрепления материала:

☑ Упражнение 1. Закончите предложения, используя разговорные сокращения и лексику из диалога.

1. Я загрузил фото на свою ________.
2. Русские чаще сидели в ______, а не в Фейсе.
3. Он любит _______ музыку и смотреть _______
4. Ты можешь _______ сторис.
5. Телеграм становится _______ и в Корее

☑ Упражнение 2. Ответьте на вопросы полными фразами.

1. Что такое ВК?
2. Что можно делать в ВК?
3. Кто придумал Телеграм?
4. От каких английских слов образовались слова ≪ава≫, ≪зарегить≫ и ≪чекать≫?
5. Какие варианты современного разговорного стиля слова ≪хорошо≫ Вы знаете?

☑ **Упражнение 3. Поставьте глаголы в скобках в правильную форму.**

1. Минчоль, давно тебя не _____ (видеть), как дела?
2. Я не _____ (знать), что такое ВК.
3. Сегодня я наконец-то (зарегистрироваться) _____ в ВК.
4. Рома, я не _____ (запомнить) свой пароль, что мне делать?
5. Ты не знаешь, кто ___________ (придумать) Телеграм?

03 Влог/Видеоблог
브이로그

러시아어

Лена: Я вчера́ на Юту́бе посмотре́ла обзо́р на солнцезащи́тный крем, кото́рый мо́жно пить.

Юна: Что??? Чей э́то обзо́р?

Лена: Да, прики́нь! Кана́л Мин Кёнхи.

Юна: О, и как?

Лена: Посмотри́. Я тепе́рь то́же хочу́ попро́бовать.

Юна: Дава́й. А ты зацени́ла но́вый вы́пуск тре́вел бло́гера, кото́рый я рекомендова́ла?

Лена: Да! Он потряса́ющий! Я уже́ на него́ и в Инсте́ зафо́лловилась. Все ви́део сня́ты с дро́на?

Юна: Ага́, но сейча́с я ду́маю он на хайп подда́лся, о́чень мно́го рекла́мы у него́.

Лена: Да, но он хоть в откры́тую говори́т о свои́х спо́нсорах и я уве́рена, его́ рекоменда́циям мо́жно доверя́ть, все обзо́ры правди́вые. Я чуть не умерла́ со́ смеху с его́ после́днего че́лленджа! Ты смотре́ла?

Юна: Там, где они́ игра́ли в ≪Among us≫ в реа́льной жи́зни? Да, я и лайк и ко́ммент оста́вила под видо́сиком.

Лена: Ты зна́ешь ещё како́го-нибудь прико́льного юту́бера?

Юна: Ага, я ски́ну тебе́ его́ кана́л.

Лена: То́лько не забу́дь.

Юна: Хорошо́. Ле́на, а у вас в Росси́и есть что-то похо́жее на Юту́б?

Лена: Да. Звучи́т похо́же - Руту́б.

Юна: Вот здо́рово! Я полага́ю, что ≪Ру≫ - это Росси́я?

Лена: Ну да! Соверше́нно ве́рно!

한국어

레나: 나 어제 유튜브에서 마시는 선크림이라는 리뷰 영상을 봤어!

유나: 뭐??? 누구 리뷰 영상이야?

레나: 응, 상상해 봐! 민경하의 채널이야.

유나: 오, 그래서 어땠어?

레나: (영상을) 봐 봐. 나도 한 번 써보고 싶어.

유나: 써 봐. 근데 내가 추천한 여행 블로거 새 영상은 마음에 들었어?

레나: 응! 끝내주더라! 이미 구독까지 하고 인스타 팔로우도 했어. 근데 영상들은 다 드론으로 촬영된 거야?

유나: 응. 근데 이제 그 블로거가 과대광고를 하는 것 같아.

레나: 그래도 적어도 그는 스폰서에 대해서는 공개적이잖아. 그래서 그 사람이 추천하는 건 신뢰가 가더라고. 그리고 리뷰도 다 사실 같고. 최근에 그의 챌린지를 보고 웃겨 죽을 뻔 했어. 넌 봤어?

유나: 그 실생활에서 어몽어스 하는 영상? 응, 난 '좋아요'랑 댓글도 남겼잖아.

레나: 또 다른 재미있는 유튜버 알고 있는 거 있어?

유나: 응. 내가 그 채널 너한테 보내줄게.

레나: 꼭 잊지 마.

유나: 알았어. 레나, 러시아에도 유튜브 같은 게 있어?

레나: 응, 있어. 이름도 비슷해 - Rutube.

유나: 재밌네! "Ru"가 러시아라는 뜻이야?

레나: 응, 맞아! 완전 정확했어!

Молодёжный сленг и нормативные соответствия

прики́нь = предста́вь

заceни́ть = оцени́ть

зафо́лловиться = подписаться от англ. to follow

хайп = ажиотаж, шумиха, часто искусственно создаваемый повышенный интерес к чему-либо от англ. hipe

че́лленджи = вызов, задание, которое пользователь выполняет на камеру и затем предлагает повторить другим. от англ. challenge

лайк = нравится от англ. like

ко́ммент = комментировать от англ. comment

прико́льный = забавный, смешной

юту́бер = человек, который публикует видео на платформе YouTube, от англ. youtuber

ски́нуть = отправить

ИНТЕРЕСНО

Ютуб: свобода и… немного перебора.

До недавнего времени YouTube был для россиян главной платформой для видеоблогинга. Тут все - от геймеров и путешественников до кулинаров и философов. Но вместе с доступностью пришли и минусы.

💡 Один из них - почти полное отсутствие цензуры. Никто не следит за речью, и как результат: в роликах часто звучит не просто сленг, а откровенный мат.

Для некоторых - это естественное проявление одной из характеристик языка, а для других - перегиб, непристойная речь.

💡 Обратите внимание:

Слово - это инструмент. И то, как говорят видеоблогеры, влияет на язык зрителей. Поэтому важно фильтровать контент и не воспринимать всё услышанное как норму.

💡 YouTube рулит, RuTube - старается.

В последние годы YouTube стал в России главным сервисом для блогеров, стримеров и всех, кто хочет ≪показать себя миру≫. Здесь и обучающие видео, и видео, посвящённые лайфстайлу, и серьёзные документальные фильмы, и новости, и даже распаковки товаров, полученные с различных торговых площадок.

💡 Чтобы не отставать, придумали российский аналог - RuTube. И хотя он позиционируется как отечественный ответ YouTube, у молодёжи он не так популярен.

Многие воспринимают его как запасной вариант - ≪на всякий случай≫.

Лексико-грамматический комментарий к диалогу

1. Лексико-грамматические явления:

- 구어체 줄임말과 슬랭 (прикинуть, заценить, зафолловиться, лайк, коммент, видосик, челлендж, хайп)
- 명령과 청유의 표현들 - (посмотри, скинь, не забудь)
- 조동사와 동사원형의 결합 - можно пить, можно доверять
- 평가 표현 - потрясающий, прикольный

2. Подробные пояснения:

- 구어체 줄임말과 슬랭:

  прикинь [상상해 봐! (놀라움)] - удивление [놀람], заценить [평가하다 (구어체)] - оценить [평가하다 (중립체)], посмотреть [봐봐]

  зафолловиться [맞팔하다] - подписаться [구독, 팔로우 하다], лайк [좋아요] - поставить лайк [좋아요를 누르다], коммент [댓(글)] - комментарий [댓글], видосик [짧은 영상] - видео [영상], челлендж [챌린지] - вызов [도전], хайп [유행, 인기 급상승] - ажиотаж [열]

☞ 대부분 영어에서 유래한 인터넷 슬랭입니다. SNS에서 많이 사용됩니다.

- 명령과 청유의 표현들:

  посмотри [봐봐], скинь [보내줘], не забудь [잊지 마] - 명령과 청유의 형태입니다.

- 조동사와 동사원형의 결합:

  можно пить [마셔도 돼], можно доверять [믿어도 돼] - 가능성과 허용을 표현합니다.

• 평가 표현:

потрясающий [끝내주는], прикольный [완전 웃긴] - 개인적인 긍정적 평가를 표현합니다.

3. Мини-упражнения для закрепления материала:

☑ Упражнение 1. Вставьте подходящее разговорное слово из списка: прикинь, челлендж, лайк, хайп, зафолловилась.

1. Я ________ на этого блогера в Инстаграме.
2. Ты _______, она рекламирует крем, который можно пить!
3. Ты поставила ему ______ под видео?
4. У него сейчас слишком много рекламы - он явно поддался на ______.
5. Я чуть не умер со смеху с его последнего ________.

☑ Упражнение 2. Ответьте на вопросы, используя грамматику и лексику из диалога.

1. Что Лена смотрела на Ютубе?
2. Что думает Юна о трэвел блогере?
3. Где Лена подписалась на блогера?
4. Что Юна оставила под видео?
5. Что такое Рутуб?

☑ Упражнение 3. Поставьте глаголы в скобках в правильную форму.

1. Лена, ты _____ (смотреть) вчера обзор на Ютубе?
2. Я обязательно _____ (попробовать) этот крем.
3. Не (поддаваться) на хайп_____, там много рекламы.
4. Нельзя _____ (доверять) всем обзорам, так как у некоторых есть спонсоры.
5. Ты не знаешь, кто _____ (оставить) лайк под моим новым видео?

04 В Стиме

Steam/스팀에서

러시아어

Миша: Ты зашёл в игру́? О, да, ви́жу твой ник.

Дохён: Да, погна́ли!

Миша: Бро, ты где? Прикро́й меня́.

Дохён: Бегу́, бегу́.

Миша: Что?! Как он меня́ ра́нил, у меня́ броня́ была́!

Дохён: Жесть, меня́ то́же ра́нил!

Миша: Капе́ц, я в ти́льте, он похо́ду чи́тер, кик его́!

Дохён: Не, уже́ не ва́рик, всё равно́ не вы́играем, дава́й ски́пнем э́ту ка́тку.

Миша: Ок.

Миша: Так, тепе́рь лишь бы без чи́теров и не лажану́ться.

Дохён: Да, го.

Миша: Де́фни меня́. О, хоро́ший вы́стрел.

Дохён: Сяп, но я ещё ну́бчик, второ́й раз то́лько игра́ю.

Миша: Ничё, всё равно́ прорвёмся …

Дохён: О, побе́да!

Миша: Да, и́зи ка́тка была́.

한국어

미샤: 너 게임에 들어왔어? 아, 맞네, 네 닉네임 보여.

도현: 응, 가보자고!

미샤: 야, 어디야? 날 엄호해줘.

도현: 가고 있어, 가고 있어.

미샤: 어?! 걔가 어떻게 나를 데미지 입혔지, 난 갑옷이 있는데!

도현: 헐, 나까지 데미지 입었어!

미샤: 이런, 짜증나네, 걔 핵쟁이야, 쫓아내!

도현: 아냐, 이미 소용 없어. 어차피 이거 못 이겨. 그냥 이번 판은 스킵하자.

미샤: 오키.

미샤: 자, 이제 핵쟁이도 없고 게임을 안 망치면 좋겠다.

도현: 그니까, 가보자.

미샤: 날 지켜줘. 오, 나이스 샷.

도현: 땡큐, 하지만 나 아직 뉴비이긴 한데, 이 게임 두 번 밖에 안 해 봤어.

미샤: 괜찮아. 어차피 이길건데…

도현: 오, 이겼다!

미샤: 응, 이번 판은 쉬웠어.

Молодёжный сленг и нормативные соответствия

ник = никнéйм от англ. nickname

погнáли = поехали

бро = брат от англ. brother

жесть = ужас, слишком; очень

капéц = конец чего-либо, часто неудачный конец, провал

я в тúльте = у меня плохое настроение от англ. tilt

чúтер = обманщик от англ. cheater, игрок, нарушающий правила

кик (кúкнуть) = выгонять, исключать откуда-либо от англ. kick

вáрик = вариант

скип (скúпнуть) = пропустить от англ. skip

кáтка = матч

лажанýться = ошибиться, допустить промах

дéфать = защищать от англ. defend

сяп = спасибо

нýбчик (нуб) = новичок от англ. noob (newbie)

ничё = ничего

úзи = легко от англ. easy

ИНТЕРЕСНО

Геймерский русский: когда английский зашёл навсегда.

Заимствование английских слов в русский особенно бурно пошло через онлайн-игры. Представь: играешь в World of Warcraft или Dota, и тут каждый второй - диспелит, пушит, кидает скилл, лагает и респается.

Носителям русского языка было не до выдумывания переводов - все просто юзали английские слова как есть, но с русским акцентом и грамматикой. Так появились:

забафать, запушить, задефать, скиллы, респ, ганкнуть и прочее.

Всё это называется англо-русским геймерским сленгом, который жив до сих пор - особенно в чатах, на стримах и в голосовых каналах.

Геймерский сленг по-русски: говорим, как в игре.

1. диспéлить (от англ. dispel) - убрать с себя или союзника вредное заклинание.

   ≪Диспельни меня, у меня дебафф!≫

2. пýшить (от англ. push) - идти вперёд, атаковать без остановки, давить врага.

   ≪Быстро пушим мид и заканчиваем!≫

3. кидáть скилл (от англ. skill) - использовать игровую способность или навык.

   ≪Он кинул скилл - всё, это конец!≫

4. лагáть (от англ. lag) - игра тормозит, виснет, всё происходит с задержкой.

   ≪У меня лагает, я в текстурах!≫

5. ре́спаться (от англ. respawn) - возродиться после смерти. Обычно в определённой точке карты.

≪Жди, я сейчас респнусь и подойду!≫

6. ба́фать (от англ. buff) - усиливать персонажа: повысить силу, скорость, защиту и т.д.

≪Кинь баф перед боем!≫

7. заде́фать (от англ. defend) - защищать, оборонять.

≪Дефай базу, к нам ломятся!≫

8. скиллы́ (от англ. skills) - способности, умения персонажа.

≪У него скиллы на контроль - осторожно!≫

9. га́нкнуть (от англ. gank) - неожиданно напасть на врага с командой, чтобы быстро его устранить.

≪Погнали ганкнем бот!≫

Вывод:

Язык русскоязычных геймеров - это не просто заимствованные слова - это отдельный особый язык геймеров, где главное - профессионализм: скорость общения (понимания), слаженность действий.

Лексико-грамматический комментарий к диалогу

1. Лексико-грамматические явления:

- 게이머들이 사용하는 슬랭들 (ник, бро, кик, катка, дефнуть, нубчик, изи, скипнуть)
- 구어체의 감탄사와 조사 (жесть, капец, о, сяп, ничё, го)

• 명령과 청유의 표현 (погнали, прикрой, скипнем, дефни)
• ≪всё равно≫를 이용한 문장 표현 - (всё равно не выиграем, всё равно прорвёмся)

2. Подробные пояснения:

• 게이머들이 사용하는 슬랭들:

ник [닉(네임)] - имя игрока [플레이어 이름], бро [브로 (영어 bro에서 유래)] - друг [친구], кик [킥, 강퇴] - выгнать из игры [게임에서 추방하다], катка [(게임) 한 판] - игровая сессия [게임 세션], дефни [방어해! (영어 defend에서 유래)] - защити [수비해!], нубчик [뉴비, 초보] - новичок [초보자], изи [이지, 쉽네~(영어 easy에서 유래)] - лёгкая игра [쉬운 게임], скип, скипнуть [스겜, 스킵하다] - пропустить [넘기다]

☞ 게임을 플레이하면서 자주 사용하는 표현들입니다.

• 구어체의 감탄사와 조사:

жесть [헉!, 이런!], капец [어이없네, 망했네] - удивление [놀람], негодование [분노],

о [오], сяп [고마워 (спасибо의 축약형)], ничё [괜찮아 ничего의 축약형], го [고 (영어 go에서 유래)]

☞ 게이머들이 흔히 쓰는 반응 표현들입니다.

• 명령과 청유의 표현:

погнали! [가자], прикрой [엄호해], скипнем [스겜하자], дефни [방어해]

☞ 게임 속에서 팀원들에게 명령하고 행동을 지시하는 표현입니다.

• ≪всё равно≫를 이용한 문장표현:

всё равно не выиграем, всё равно прорвёмся [결국 이기진 못해도, 결

국엔 돌파할 것이다] - 상황에 관계없이 결과를 강조할 수 있습니다.

☞ 불리한 조건을 감수하면서도 인정하는 말투로서 자주 이용됩니다.

3. Мини-упражнения для закрепления материала:

☑ Упражнение 1. Подберите подходящее слово из игрового сленга: катка, нубчик, кикнуть, дефни, скипнуть.

1. Мы проиграли - давай ______ эту игру.
2. Ты должен меня ______, пока я перезаряжаюсь.
3. Давай начнём новую ______.
4. Он мешает - надо его ______.
5. Я ещё ______, только начинаю играть.

☑ Упражнение 2. Ответьте на вопросы по содержанию диалога.

1. Как Миша понял, что Дохён зашёл в игру?
2. Почему Миша подумал, что игрок был читером?
3. Что друзья решили сделать после поражения?
4. Кто победил во второй игре?
5. Что значит ≪изи катка≫?

☑ Упражнение 3. Поставьте глаголы в скобках в правильную форму.

1. Дохён, давай _____ (заходить) в игру, я не ____ (видеть) твой ник.
2. Меня _____ (ранить), хотя у меня _____ (быть) броня.
3. Мы _____ (выиграть) этот матч, если ____ (исключить) этого игрока.
4. В этот раз нельзя _____ (ошибиться), это последний матч.
5. Если ты меня _____ (защитить), мы сможем победить.

05 Плойка
플레이스테이션

러시아어

Сэён: Ты чё такóй сóнный?

Лёша: Вчерá всю ночь задрóтил в Э́лден Ринг (Elden Ring) и в Год оф вар (God of War).

Сэён: У тебя́ же нóут не игровóй.

Лёша: Да, но я поднакопи́л и на днях себé плóйку купи́л!

Сэён: Ну ты даёшь! А какýю?

Лёша: Пя́тую, с дисковóдом.

Сэён: Офигéть! А мóжно мне тóже поигрáть?

Лёша: Конéчно, ещё спрáшиваешь!

Сэён: Финáльный босс был сли́шком слóжным, не удалóсь с пéрвого рáза завали́ть егó.

Лёша: Ты рóфлишь что ли? Да ты лýчше меня́ егó прошёл!

Сэён: Рили? У пéрса статы́ бы́ли что нáдо. Хорошó качнýл.

Лёша: Да, дóлго уже гáмаю в неё. Разрáбы, конéчно, постарáлись, сюжéт интерéсный, а грáфика какáя!

Сэён: Тóчно! Иногдá, прáвда, бáги замечáл, но э́то не мешáло игрáть.

Лёша: Сэён, слýшай! Ты когдá с дéвушками бýдешь общáться, имéй в видý, что плóйкой тáкже называ́ют устрóйство для зави́вки или выпрямлéния волóс.

Сэён: А, пóнял. Спаси́бо, что предупреди́л!

한국어

세연: 너 왜 이렇게 졸려 보여?

료샤: 어제 밤새도록 Elden Ring과 God of War를 했어.

세연: 네 노트북은 게이밍 노트북이 아니잖아.

료샤: 응, 근데 돈 모아서 얼마전에 플로이카를 샀어!

세연: 헐! 플스 뭐 샀어?

료샤: 플스5 디스크드라이브!

세연: 미친! 나도 해 봐도 돼?

료샤: 당연하지, 묻지도 말고!

세연: 최종 보스가 너무 어려워서 첫 판에는 못 깼어.

료샤: 너 장난해? 나보다 더 잘 했잖아!

세연: 그런가? 캐릭터의 스탯이 좋았어. 스탯을 잘 쌓았어.

료샤: 그래, 나 이 게임 오랫동안 하는 중이거든. 개발자들이 열심히 만들었고 스토리도 재밌고 그래픽도 멋지거든.

세연: 맞아! 사실 가끔 버그가 있긴 했는데, 신경 쓰일 정도는 아니었어.

료샤: 세연아, 근데 여자 애들이랑 얘기할 때, 플로이카라고 하면 머리 펴거나 웨이브를 넣는 기계(고데기)라고 알아들어.

세연: 아, 그렇구나. 알려줘서 고마워.

Молодёжный сленг и нормативные соответствия

задро́тить = много играть в компьютерные игры

но́ут = ноутбук

пло́йка = игровая приставка, консоль семейства Playstation

офиге́ть = сильно удивиться

завали́ть = победить; не сдать экзамен

ро́флить = шутить, подтрунивать, насмехаться или издеваться, часто в игровой или шутливой форме от англ. Rofl (Rolling On the Floor Laughing)

ри́ли = правда от англ. really

перс = персонаж

статы́ = параметры героя от англ. status

качну́ть = сделать апгрейд, улучшить

га́мать = играть на компьютере от англ. game

разра́б = разработчик

баг = программная ошибка от англ. bug

ИНТЕРЕСНО

Геймеры и хакеры - made in Russia.

Интересный факт: русскоязычные геймеры хорошо известны в мире не только как геймеры, но и как... хакеры.

Да-да, в мировой киберкультуре про русских хакеров ходят легенды. Некоторые из хакеров настолько ≪популярны≫, что за ними до сих пор охотятся спецслужбы разных стран, предлагая миллионы долларов за их поимку.

А что геймеры?

Они тоже на высоте: в киберспорте среди россиян полно крутых игроков, стримеров и киберзвёзд, которых уважают во всём мире.

Лексико-грамматический комментарий к диалогу

1. Лексико-грамматические явления:

- 게이머들이 사용하는 슬랭들 (плойка, задротить, рофлить, качнуть, баги, разрабы, гамать, статы)
- 구어체의 감탄사와 조사 (рили, офигеть, слушай, конечно, что ли)
- 조동사를 활용한 표현들 (можно поиграть, не удалось завалить)
- 재귀동사 표현들 (общаться, называться)

2. Подробные пояснения:

- 게이머들이 사용하는 슬랭들:

  плойка [플스, 플레이스테이션의 지소형] - игровая приставка PlayStation [게임 콘솔 플레이스테이션]

  задротить [몰두하다] - играть очень много и серьёзно [엄청 많이 그리고 진지하게 게임하다], качнуть [키우다] - улучшить персонажа [캐릭터를 강화하나],

рофлить [장난치다] - шутить[농담하다], баги [버그]- ошибки в игре [게임에서의 오류들], разрабы [개발자들(구어체)]- разработчики [개발자들(중립체)], гамаю [나는 게임하고 있다(구어체)] - играю [나는 게임하고 있다(중립체)], статы [스테이터스] - характеристики персонажа [캐릭터의 능력치]

- 구어체의 감탄사와 조사:

  рили [리얼? (영어 really에서 유래)], офигеть [미친!], конечно [당연하지], что ли [~냐?, 뭐야?]

- 조동사를 활용한 표현들:

  можно поиграть [게임해도 돼], не удалось завалить [죽일 수 없었다] - 가능성과 허용을 표현합니다.

☞ 문장 구조: можно, удалось, не удалось + 동사원형

- 제귀동사 표현들:

  называться [~라고 불리다], общаться [소통하다] - 어미에 -ся가 붙는 동사 형태입니다.

3. Мини-упражнения для закрепления материала:

☑ **Упражнение 1. Вставьте подходящее слово из сленга: плойка, баги, качнул, рофлишь, разрабы.**

1. Я себе купил ______ - теперь играю без тормозов.
2. Ты ______? Я не мог пройти финального босса!
3. У меня в игре постоянно выскакивают ______.
4. Ты хорошо ______ своего персонажа - очень сильный стал.
5. В этой игре ______ действительно постарались.

☑ **Упражнение 2. Ответьте на вопросы по содержанию диалога.**

1. Почему Лёша был сонный?
2. Какую консоль он купил?
3. Что Лёша сказал о графике и сюжете игры?
4. Что такое ≪плойка≫ в другом значении?
5. Почему Сэён поблагодарил Лёшу в конце?

☑ **Упражнение 3. Поставьте глаголы в скобках в правильную форму.**

1. Лёша, ты опять всю ночь _____ (играть)?
2. Мне надо _____ (поднакопить), чтобы купить новую игровую приставку.
3. Ну ты _____ (давать), ведь это очень дорого!
4. Я тоже хочу _____ (поиграть) в новую игру.
5. Вряд ли я смогу _____ (победить) с первого раза.

06 ChatGPT

챗GPT

러시아어

Маша: Джи А, привéт! Ты сёдня не занятá?

Джи А: Привéт, Мáша! Нет, а что?

Маша: Мне в универе нáдо реферáт сдать про корéйский язы́к, мóжешь помóчь?

Джи А: Да, без проблéм. А какáя тéма?

Маша: Про четырёхслóжные идиóмы Саджасоно.

Джи А: О, это интерéсная, но капéц слóжная тéма!

Маша: Да, мне не всегдá прихóдит на ум эквивалéнт в рýсском языкé.

Джи А: А знáешь, нам с тобóй ИИ помóжет, го обратúмся к ChatGPT.

Маша: Что это?

Джи А: Ну ты дерéвня, ха-ха, это чат-бот с генератúвным искýсственным интеллéктом.

Маша: А, э́то как мой голосовóй помóщник Алúса на телефóне?

Джи А: Тúпа тогó! Твою Алúсу тóже мóжно смéло отнестú к искýсственному интеллéкту. Но у ChatGPT бóльше функционáл.

Маша: Это ещё как?

Джи А: Ну, это как сóтни Алúс, но Алúса мóжет тóлько находúть информáцию в инéте, а выбирáть и редактúровать э́ту инфý тебé нýжно самомý. А вот ChatGPT не прóсто найдёт инфý, а ещё и отредактúрует её под твой запрóс. Дáже домáшку мóжно сдéлать с егó пóмощью, а вот с Алúсой так не полýчится.

Маша: О, крутя́к! Ща намýтим чё-нить.

한국어

마샤: 지아, 안녕! 오늘 바빠?

지아: 안녕, 마샤! 아니, 왜?

마샤: 대학 과제 중에 한국어에 대해 에세이 쓰는 게 있는데, 좀 도와 줄 수 있어?

지아: 물론이지. 어떤 주제야?

마샤: 4음절로 되어 있는 사자성어에 대한 거야.

지아: 오, 재밌어 보이는데, 주제는 진짜 장난 아니다!

마샤: 맞아, 러시아어로 같은 표현이 잘 떠오르지 않아.

지아: 근데 너 그거 알아, AI가 우리를 도와주니까, 챗 GPT로 만들자.

마샤: 그게 뭐야?

지아: 완전 답답이네. 하하, 그거 생성형 인공지능 챗봇이야.

마샤: 아, 이거 내 폰에 있는 음성 비서 알리사 같은거지?

지아: 응, 약간 그런거야! 알리사도 인공지능이라고 할 수 있지. 근데 챗 GPT가 기능이 더 많아.

마샤: 뭐가 더 있어?

지아: 음, 마치 알리사 수백 명이 있는 것 같지, 그렇지만 알리사는 정보를 오로지 인터넷에서만 찾을 수 있어, 그런데다가 정보도 네가 직접 고르고 편집해야 되는 거잖아. 근데 챗GPT는 단순히 정보를 찾아줄 뿐만 아니라 네 요청대로 편집까지 해줘. 챗GPT로 과제도 할 수 있는데, 알리사는 못 하잖아.

마샤: 오, 멋지다! 지금 해보자.

Молодёжный сленг и нормативные соответствия

сёдня = сегодня

универ́ = университет

без проблéм = без каких-либо трудностей

капéц = очень трудный

гó(у) = давай

дерéвня = отсталый, не в курсе современных вещей человек

ти́па тогó = примерно так

и́нфá = информация

домáшка = домашнее задание

крутя́к = круто, классно, здорово

ща = сейчас

намути́ть = придумать

чё-нить = что-нибудь

ИНТЕРЕСНО

ИИ - не волшебник, а ассистент.

Важно помнить: искусственный интеллект - это всего лишь помощник, а не замена человеческому мозгу.

Он может подсказать, ускорить, упростить рабочий процесс. Но думать всё равно должен человек.

- Пользоваться ИИ надо вдумчиво и осторожно.
  Если у Вас нет прочной базы знаний, то советы от ИИ могут сыграть медвежью услугу: всё звучит умно, а по факту - ошибка за ошибкой.
- Вывод:
  ИИ - это как мощный калькулятор. Он поможет, но только если Вы сами понимаете, что считаете.

Лексико-грамматический комментарий к диалогу

1. Лексико-грамматические явления:

- 구어체 줄임말과 슬랭들 (го, деревня, домашка, инфа, универ)
- ≪ну≫의 사용과 구어체의 감탄 표현들 (о, ну, ха-ха, крутяк, ща)
- 조동사를 활용한 표현들 (можешь помочь, можно отнести, можно сделать)
- ≪как≫이 포함된 비교 표현 (это как сотни Алис, это как мой помощник)

2. Подробные пояснения:

- 구어체 줄임말과 슬랭들:
  Го [고] - давай [어서(영어 go에서 유래)], намутить [어떻게든 생각해 내다], капец [어이없네 (분노, 당혹)] - очень[매우], инфа [인포] - информация [정보]

- ≪ну≫의 사용과 구어체의 감탄 표현들:
  Ну [음], ха-ха [하하], ща [짐], крутяк [대박!] - 비공식적인 대화에서 자주 사

용되는 구어체 표현입니다.

• 조동사를 활용한 표현들:

можно отнести [가져가도 된다], можно сделать [해도 된다] - 가능성과 허용을 표현합니다.

☞ 구조: можно, нужно, нельзя + 동사원형

• ≪как≫이 포함된 비교 표현:

это как мой помощник, как сотни Алис [이건 마치 나의 도우미 같아, 수백명의 알리사 같은 존재지.] - 비교 표현이며, 종종 과장표현이 섞입니다.

☞ 공식: это как + 명사, 비유 표현

3. Мини-упражнения для закрепления материала:

☑ Упражнение 1. Вставьте подходящее слово из жаргона: го, капец, инфа, крутяк, ща.

1. _____! Быстро введём в Гугл и найдём ответ.
2. _____ сложно - я вообще не понимаю эту тему.
3. _____ я тебе всё покажу на компе.
4. У тебя есть какая-нибудь _____ по этой теме?
5. Смотри, какая классная программа - просто _____!

☑ Упражнение 2. Ответьте на вопросы по содержанию диалога.

1. На какую тему пишет реферат Маша?
2. Почему Джи А предлагает использовать ChatGPT?
3. В чём отличие Алисы и ChatGPT, по мнению Джи А?
4. Что значит ≪намутить≫ в контексте диалога?
5. Почему Маша сказала: ≪О, крутяк!≫?

☑ **Упражнение 3. Поставьте слова в скобках в правильную форму.**

1. Маша, привет! Ты сегодня не _____ (занятый)?
2. Джи А, ты уже _____ (сдавать) реферат?
3. Если у тебя нет никаких идей, _____ (обратиться) к ChatGPT.
4. Ты ____ (найти) эту гостиницу через интернет?
5. Маша, ты _____ (отредактировать) информацию, которую выбрала Алиса?

RUSSIAN

II.

ПРАЗДНИКИ

명절

07 Новый год в России

러시아 새해

러시아어

Юля: С наступáющим тебя́!

Вонсок: И тебя́ с наступáющими прáздниками! Каки́е плáны на Нóвый год?

Юля: Сначáла с роди́телями отмéчу дóма, а потóм мóжет с друзья́ми. А ты?

Вонсок: Покá не знáю. Есть предложéния?

Юля: Да, присоединя́йся к нам. Приходи́ ко мне домóй в 10.

Вонсок: Да мне как-то неудóбно.

Юля: Каки́е неудóбства? Неудóбно спать на потолкé - одея́ло пáдает.

Вонсок: Спаси́бо за приглашéние! Я обязáтельно приду́. Что-то нáдо покупáть?

Юля: Мои́ (роди́тели) бу́дут рáды. Да, по тради́ции гость дóлжен принести́ чтó-нибудь к столу́. Купи́ торт, остальнóе мы сáми всё приготóвим: оливьé, селёдку под шу́бой, пюрéшку, ку́рочку, холодéц, и, конéчно же, солéнья.

Вонсок: Хорошó. Я тогдá принесу́ торт и шампáнское.

Юля: Не, мне шампáнское в гóлову стреля́ет и на у́тро похмéльем страдáю. Я самá куплю́ алкáшку.

Вонсок: Извини́, не совсéм пóнял. Что ты самá ку́пишь?

Юля: А… я говорю́, что я самá куплю́ спиртнóе.

Вонсок: Хорошó, как хóчешь. Чем-то нáдо ещё помóчь?

Юля: Нет, ёлку уже постáвили, подáрки купи́ли, остáлось тóлько на стол накры́ть и желáние загадáть под бой курáнтов. Ещё раз с наступáющим и до зáвтра.

Вонсок: Подожди́, что ты имéешь в виду́?

Юля: Ты про загáдывание желáния?

Вонсок: Да, я про э́то и, чéстно говоря́, не совсéм пóнял, что знáчит бой курáнтов.

Юля: А … ну э́то когдá часы́ на Крáсной плóщади звеня́т как буди́льник в пóлночь.

Вонсок: Ха-ха! Пóнял. Спаси́бо ещё раз за приглашéние! Покá!

한국어

율리야: 곧 올 새해 복 많이 받아!

원석: 너도 다가오는 새해 즐겁게 보내! 새해 연휴에 뭐 할 예정이야?

율리야: 우선 집에서 부모님과 함께 새해를 맞이하고, 그 다음에는 아마 친구들이랑 보낼 것 같아. 너는?

원석: 아직 모르겠어. 좋은 생각이 있어?

율리야: 응. 우리랑 같이 보내자. 우리 집에 10시까지 와.

원석: 민폐 끼칠 것 같은데.

율리야: 무슨 민폐야? 천장에 누워서 자는 게 불편한 거지, 이불이 떨어지니까.

원석: 초대해줘서 고마워! 꼭 갈게! 사가야 할 것이 있어?

율리야: 우리 부모님이 좋아하실 거야. 맞다, 손님은 밥상에 대접할 음식을 가지고 와야 해. 그게 전통이야. 케이크 사 와, 나머지는 우리가 직접 준비할 거야: 올리비에, 청어절임 샐러드, 퓨레, 닭요리, 고기묵, 피클은 당연히 있을 거야.

원석: 그럼 내가 케이크랑 샴페인을 갖고 갈게.

율리야: 안 돼, 난 샴페인 마시면 빨리 취하고 아침에 숙취에 시달리거든. 알카쉬카를 내가 살게.

원석: 미안한데 이해 안 가. 뭘 산다고?

율리야: 아… 내가 마실 술은 내가 알아서 살 거라고 말하는 거야.

원석: 알았어, 너 하고 싶은 대로 해. 도움이 더 필요해?

율리야: 아니, 트리는 벌써 세웠고, 선물도 샀고, 이제 식탁을 차리는 것과 종소리 들으면서 소원 비는 것만 남았네. 다시 한 번 새해 복 많이 받고 내일 보자.

원석: 잠깐, 그거 뭔 말이야?

율리야: 소원 비는 것에 대해 물어보는 거야?

원석: 응 그거야, 솔직히 '종소리 들으면서'가 무슨 말인지 이해가 잘 안 됐어.

율리야: 아… 음, 그거 자정에 자명종이 울리는 것처럼 붉은 광장에 있는 시계가 울리는 거야.

원석: 하하! 그렇구나. 초대해 줘서 다시 한 번 고마워! 잘 가!

Молодёжный сленг и нормативные соответствия

неудо́бно спать на потолке́, одея́ло па́дает - фраза используется, чтобы саркастически оправдать неудобство, возникающее из-за явно нелепой или нелогичной ситуации

пюре́шка = картофельное пюре

алка́шка = алкоголь

ку́рочка = курица

в го́лову стреля́ет = голова кружится, появляется ощущения опьянения

ИНТЕРЕСНО

≪С наступающим!≫ - это традиционное русское поздравление, которое часто звучит и при встрече, и при прощании в предновогодние дни.

В России есть особая традиция - поздравлять с праздником ещё до его наступления. Услышать от кого-то ≪С наступающим!≫ - это нормально за несколько дней, а иногда и недель до Нового года.

Кто говорит?

Все: родственники, коллеги, кассиры в магазине, водитель муршрутки и даже случайный прохожий.

Что значит?

Это короткая форма: С наступающим праздником! - тёплое пожелание заранее.

Так россияне показывают, что помнят традиции и в то же время это хороший повод продемонстрировать владение естественным этикетным клише.

💡 Вывод:

Если Вы слышите ≪С наступающим!≫ - улыбайтесь и отвечайте:

Спасибо! И Вас тоже!

💡 Загадать желание по-русски - это экстрим!

Самая известная новогодняя традиция у россиян - не просто загадать желание, а сделать это по-настоящему магически (и немного опасно).

💡 Как это работает:

1. За 1 минуту до Нового года Вам надо написать желание на небольшом листке бумаги.
2. Под бой курантов (а их ровно 12!) этот листок надо поджечь.
3. Сгоревшую до пепла бумагу ссыпать в фужер с шампанским.
4. Успеть выпить бумагу, превратившуюся в пепел, и шампанское до последнего удара курантов.

   Всего 60 секунд, и никакого второго дубля.

💡 Говорят, если всё сделать по правилам - желание обязательно сбудется!

Ну а если нет - будет хотя бы весело.

💡 Обратите внимание:

Есть что-нибудь выпить? - употребляется для алкогольных напитков.

Есть что-нибудь попить? - употребляется для напитков.

Обратите внимание:

Мои - употребляется в значении мои родители. Данное употребление вызвано нежеланием молодых людей говорить мои мама и папа или мои родители в присутствии своих сверстников.

Соленья - маринованные овощи.

Селёдка (сельдь) под шубой - в русской кухне слоёный закусочный салат из филе солёной сельди с отварными корнеплодами и яйцом под майонезом.

Обратите внимание:

- Старый Новый год и Рождество по-русски
- В России Новый год празднуют дважды!
- Первый - классический, с 31 декабря на 1 января.
- А второй - Старый Новый год, в ночь с 13 на 14 января.

Это праздник по старому юлианскому календарю, и хотя официально он не выходной, россияне всё равно любят его отмечать - с теплотой, домашними посиделками и… иногда даже с повторным оливье.

Рождество

В отличие от католиков, у которых Рождество - с 24 на 25 декабря, у православных христиан в России Рождество празднуется ночью с 6 на 7 января.

Вывод:

Праздничный январь у россиян - это целый марафон: Новый год → Рождество → Старый Новый год. Официально россияне отдыхают около 10 дней!

Поводов собраться с друзьями, близкими, родными достаточно.

Лексико-грамматический комментарий к диалогу

1. Лексико-грамматические явления:

- 구어체의 감정 표현들 (ничего себе, вау, ооо, очень рад)
- 구어체 구문들 (то бишь, таким образом)
- 재귀동사들 (собирается, проводится, накрывается)
- 의문의 표현들 (а что это, почему, что вы делаете)

2. Подробные пояснения:

- 구어체의 감정 표현들:

  ничего себе [대단한데, 헐, 헉], вау [와우! (영어 wow에서 유래)], ооо [오오오 (영어 oh에서 유래)] - 놀람, 감탄의 감정을 나타내는 표현입니다.

- 구어체 구문들:

  то бишь - то есть [즉, 다시 말해] - 설명을 도입시켜주는 역할을 합니다.

  таким образом [따라서, 그렇게 하여] - 논리적인 결과와 말한 내용의 결론을 도입시켜주는 역할을 합니다.

- 재귀동사들:

  собирается, проводится, накрывается - 스스로 일어나거나 집단적으로 수행되는 행동을 나타냅니다.

- 의문의 표현들:

  что за праздник? [무슨 명절이야?], а что вы делаете? [그런데 뭐 하고 있어?], почему так долго? [왜 그렇게 오래걸려?] - 구체적인 확인이나 놀라움을 담은 질문의 예시들입니다.

3. Мини-упражнения для закрепления материала:

☑ **Упражнение 1. Вставьте подходящее слово или выражение: бой курантов, с наступающим, алкашка, неудобно, загадай.**

1. _______ тебя!
2. В полночь обязательно _______ желание.
3. Мне как-то ______ просить у них еду.
4. Я сам куплю _______ на вечер.
5. Что такое ______? - Это звуки часов в Новый год.

☑ **Упражнение 2. Ответьте на вопросы по содержанию диалога:**

1. Какие блюда упомянула Юля?
2. Почему Вонсок сначала отказался прийти?
3. Что должен принести гость?
4. Почему Юля не хочет шампанское?
5. Что такое бой курантов по мнению Юли?

☑ **Упражнение 3. Поставьте глаголы в скобках в правильную форму.**

1. В этом году я _____ (отметить) Новый год с родителями, а ты?
2. Вонсок, _____ (приходить) ко мне домой в 10?
3. Юля, извини! Я не смогу _____ (приходить) к тебе сегодня.
4. Мы уже ____ (приготовить) все салаты на ужин.
5. Не _____ (покупать) шампанское, _____ (купить) лучше хорошее красное вино.

08 Чхусок
추석

러시아어

Ынджу: Игорь, привет! Какие планы у тебя на Чхусок?

Игорь: Пока никаких. А что это вообще за праздник такой?

Ынджу: Это праздник урожая или корейский День благодарения.

Игорь: И что вы делаете в этот день?

Ынджу: Обычно вся семья собирается вместе за праздничным столом. Дети приезжают к родителям со всей Кореи, все вместе готовят еду, проводят время и поминают предков.

Игорь: Ничего себе, звучит интересно. Но почему праздник так долго длится?

Ынджу: Он обычно длится три дня. В первый день идёт подготовка, во второй день - сам праздник, и в третий день - отдых.

Игорь: А что вы делаете тогда в сам праздник, у вас есть какие-то традиции?

Ынджу: Ну, мы проводим обряд Чхаре, то бишь отдаём дань памяти предкам. Для духов мы накрываем отдельный большой стол со всякими традиционными вкусностями. А также мы посещаем могилу предков и оставляем им еду. Таким образом мы отдаём дань уважения.

Игорь: Вау ... а что за вкусняшки такие?

Ынджу: Рисовые пирожки сонпхён, блины с мясом чжон и макколи.

Игорь: Хотелось бы мне увидеть всё это своими глазами...

Ынджу: Поэтому я и спросила про планы на Чхусок, хотела пригласить тебя в наш дом.

Игорь: Ооо, спасибо, я был бы очень рад!

한국어

은주: 이고리, 안녕! 추석에 뭐 할 거야?

이고리: 아직 모르겠는데? 근데 추석이라는 게 무슨 명절이야?

은주: 추수를 축하하는 날이야, 한국식 추수감사절이지.

이고리: 이 날 한국 사람들은 뭐 해?

은주: 보통 가족 모두가 명절 상에 같이 모이지. 한국 각지에서 자녀들이 부모한테 가서 같이 음식을 만들고 시간을 보내. 그리고 조상을 기리기도 하고.

이고리: 와우! 재밌겠다. 근데 명절이 왜 그렇게 길어?

은주: 보통 3일간 진행돼. 첫째 날은 준비를 하고, 둘째 날은 명절 당일이고, 셋째 날은 쉬어.

이고리: 한국인들은 명절 당일에 뭘 하는데? 무슨 전통이 있어?

은주: 글쎄, ≪차례≫라는 의식을 하는데, 조상들에게 제물을 바치는 거지. 조상들을 위해 온갖 맛있는 전통 음식으로 큰 상을 따로 차려. 그리고 선조 무덤에 가서 음식을 남겨두고 오지. 그거 말고도 조상에게 공경을 표하면서 절을 해.

이고리: 와우… 맛있는 게 뭐가 있는데?

은주: 송편이라는 떡이랑 고기가 들어간 한국식 블린인 ≪전≫이랑 막걸리가 있어.

이고리: 그걸 내 눈으로 직접 보고 싶은데…

은주: 그래서 내가 추석에 너 뭐 할 거냐고 물어본 거야, 널 우리 집에 초대하려고.

이고리: 오오오, 고마워, 나야 엄청 좋지!

Молодёжный сленг и нормативные соответствия

ничегó себé (ничё се) = вот это да, ого

вáу = ух ты от англ. wow

вкуснńяшки = вкусности, вкусное кушанье

ИНТЕРЕСНО

- Алкоголь на поминках?

  Как бы странно это ни звучало для некоторых, но в России, особенно среди верующих людей, на поминках не принято пить алкоголь.

  Почему?

  Считается, что спиртное мешает сохранить светлую память об умершем и отвлекает от главного - тишины, размышлений и уважения к ушедшему человеку.

- Если всё же на стол ставят алкоголь, то в минимальном количестве, и обычно - просто символически, так сказать, пригубить.

  Никаких тостов, веселья или выпьем за... - поминки не для этого.

- Важно знать:

  Поминальная трапеза - это не застолье, а момент памяти. В нём важна тишина, уважение и искренние мысли, а не градусы в бокале.

Лексико-грамматический комментарий к диалогу

1. Лексико-грамматические явления:

- 구어체의 감정 표현들 (ничего себе, вау, ооо, очень рад)
- 구어체 구문들 (то бишь, таким образом)
- 재귀동사들 (собирается, проводится, накрывается)
- 의문의 표현들 (а что это, почему, что вы делаете)

2. Подробные пояснения:

- 구어체의 감정 표현들:

  ничего себе [대단한데, 헐, 헉], вау [와우! (영어 wow에서 유래)], ооо [오오오 (영어 oh에서 유래)] - 놀람, 감탄의 감정을 나타내는 표현입니다.

- 구어체 구문들:

  то бишь - то есть [즉, 다시 말해] - 설명을 도입시켜주는 역할을 합니다.

  таким образом [따라서, 그렇게 하여] - 논리적인 결과와 말한 내용의 결론을 도입시켜주는 역할을 합니다.

- 재귀동사들:

  собирается, проводится, накрывается - 스스로 일어나거나 집단적으로 수행되는 행동을 나타냅니다.

- 의문의 표현들:

  что за праздник? [무슨 명절이야?], а что вы делаете? [그런데 뭐 하고 있어?], почему так долго? [왜 그렇게 오래걸려?] - 구체적인 확인이나 놀라움을 담은 질문의 예시들입니다.

3. Мини-упражнения для закрепления материала:

☑ **Упражнение 1. Вставьте подходящее слово или выражение: проводится, накрывается, то бишь, таким образом, вау.**

1. Чхаре - это традиционный обряд поминовения предков, _______ ритуал памяти предков.
2. Для духов _______ отдельный стол.
3. Этот праздник _______ в кругу семьи.
4. Мы посещаем могилу и приносим еду. _______, выражаем уважение предкам.
5. _______! Я никогда не слышал про такой праздник.

☑ **Упражнение 2. Ответьте на вопросы по содержанию диалога.**

1. Что такое Чхусок?
2. Сколько дней длится праздник и как они распределены?
3. Какие традиции соблюдают в этот день?
4. Какие блюда упомянула Ынджу?
5. Почему Ынджу пригласила Игоря?

☑ **Упражнение 3. Поставьте глаголы в скобках в правильную форму.**

1. Что вы обычно _____ (делать) на Чхусок?
2. В этот раз мы _____ (собираться) у старшего дяди.
3. Каждый раз я _____ (приезжать) к родителям на летних каникулах.
4. Как долго_____ (длиться) твои каникулы?
5. В этом году вы _____ (посещать) могилу предков?

09 Масленица

마슬레니차

러시아어

Юми: Ма́ша, я слы́шала, что на сле́дующей неде́ле у вас Ма́сленица. Что э́то тако́е?

Маша: Это пра́здник, когда́ мы провожа́ем зи́му и встреча́ем весну́.

Юми: Но я слы́шала, что она́ всегда́ в ра́зное вре́мя.

Маша: Да, ка́ждый год начина́ется в конце́ февраля́ или в нача́ле ма́рта и пра́зднуется в тече́ние неде́ли. Ма́сленица отмеча́ется пе́ред Вели́ким посто́м, а он зави́си́т от лу́нного календаря́ и ка́ждый год выпада́ет на ра́зные чи́сла.

Юми: Прико́льно. А что вы обы́чно де́лаете в э́то вре́мя?

Маша: Бли́нчики печём и ку́шаем!

Юми: И всё?

Маша: Нет. Устра́иваем засто́лье, угоща́ем друг дру́га блина́ми. А в после́дний день Ма́сленицы мы ещё чу́чело сжига́ем!

Юми: Здо́рово! То́же хочу́ посмотре́ть на э́то!

Маша: Я как раз с семьёй собира́лась в вы́хи пое́хать к родне́ в дере́вню. Го со мной, я покажу́ тебе́ как пра́зднуют Ма́сленицу.

Юми: Хорошо́, спаси́бо!

Маша: Оде́нься то́лько тепле́е, мы бу́дем хорово́ды води́ть, ката́ться с го́рки, да и про́сто отрыва́ться по по́лной.

Юми: Оки.

한국어

유미: 마샤, 다음 주에 마슬레니차가 있다고 들었어. 그게 뭐야?

마샤: 겨울을 보내고 봄을 맞이하는 명절이야.

유미: 근데 항상 다른 시간에 있다고 들었어.

마샤: 응, 매년 2월 말이나 3월 초 즈음에 시작해서 일주일 정도 진행돼. 마슬레니차는 음력에 따라 달라져서 매년 날짜가 다르고 사순절(기독교에서 예수가 부활하기 전 40일 동안 금식과 기도를 했던 것을 기념하는 기간) 전에 하는 거야.

유미: 재미있네. 그때는 보통 뭐해?

마샤: 블린을 구워 먹어!

유미: 그게 다야?

마샤: 아니, 우리는 잔치를 준비하고 서로 블린을 대접해. 그리고 마슬레니차의 마지막 날엔 밀짚인형도 태워!

유미: 우와! 나도 그거 보고 싶어!

마샤: 이번 주말에 가족이랑 같이 시골 친척들 만나러 가려고 했는데, 같이 가자. 마슬레니차를 어떻게 기념하는지 보여 줄게.

유미: 응, 고마워!

마샤: 민속춤 공연도 하고 썰매도 타고 신나게 놀 건데, 따뜻하게 입고 와.

유미: 오키.

Молодёжный сленг и нормативные соответствия

прико́льно = здорово, интересно

бли́нчики = блины

вы́хи = выходные

родня́ = родственники

го = давай, пойдём, пошли, поехали от англ. go

отрыва́ться по по́лной = веселиться

ИНТЕРЕСНО

- Масленица - это не только вкусные блины!
  Многие россияне обожают Масленицу за блины, веселье и ярмарки - но при этом почти никто не помнит, что именно подразумевает данный праздник.
- Исторически Масленица - это проводы зимы и подготовка к Великому посту. Но сейчас для многих - это просто неделя, когда можно есть блины каждый день без чувства вины.
- И даже если смысл праздника подзабылся, традиции живут: блины, чучело, гуляния, музыка.
  Так что для россиян Масленица - это хороший повод вспомнить о своих традициях.

Лексико-грамматический комментарий к диалогу

1. Лексико-грамматические явления:

- 구어체 줄임말과 슬랭 (прикольно, круто, го, оки-доки, отрываться по полной)
- 재귀동사와 고정표현 (отрываться, водить хороводы, угощать друг друга)
- 시간과 날짜를 나타내는 부사구 (каждый год, в течение недели, в конце февраля, в начале марта)

2. Подробные пояснения:

- 구어체 줄임말과 슬랭:

  прикольно [재미있다, 대박!] - интересно [재미있다 (중립체)], круто [멋지다, 끝내준다!], го - давай; оки(-доки) [오키 (도키) (영어 okey-dokey에서 유래)] - хорошо [좋아], отрываться по полной [완전히 신나게 놀다] - веселиться без ограничений [아무런 제약 없이 마음껏 즐기다]

- 재귀동사와 고정표현들:

  отрываться [미친 듯이 즐기다] - веселиться [흥겹게 놀다], отдыхать активно [활동적으로 쉬다]

  водить хороводы [러시아의 전통무용] - 사람들이 노래하고 춤추며 원을 그리며 도는 전통적인 놀이

  угощать друг друга [서로에게 대접하다] - 서로가 정해진 음식을 나누어 대접하는 것

- 시간과 날짜를 나타내는 부사구:

  каждый год [매 해], в течение недели [한 주 내내 (в течение + 생격)], в конце февраля [2월 말에 (в конце + 생격)], в начале марта [3월 초에 (в начале + 생격)] - 시간을 나타내는 구문입니다.

☞ 축제가 열리는 주기와 기간을 표현할 때 사용되는 표현들입니다.

3. Мини-упражнения для закрепления материала:

☑ Упражнение 1. Вставьте подходящее слово или выражение: отрываться, устраиваем, в течение недели, го, блины.

1. На Масленицу мы печём и кушаем ______.
2. Мы ______ застолье и зовём гостей.
3. Праздник длится ______.
4. Мы будем кататься с горки и ______ по полной.
5. Я собираюсь к родне. ______ со мной?

☑ Упражнение 2. Ответьте на вопросы по содержанию диалога.

1. Что празднуется на Масленицу?
2. Когда обычно бывает Масленица?
3. Какие традиции есть на Масленицу?
4. Что делают в последний день Масленицы?
5. Почему Маша приглашает Юми с собой?

☑ Упражнение 3. Поставьте глаголы в скобках в правильную форму.

1. Ты не _____ (слышать), когда Масленица в этом году?
2. Когда вы _____ (провожать) сына в аэропорту?
3. В этом году Масленица _____ (выпадать) на выходные.
4. Мама ____ (испечь) блины.
5. Как и всегда мы _____ (сжигать) чучело.

10 Рождество в Корее и России
한국과 러시아의 크리스마스

러시아어

Йеджи: С Рождество́м!

Саша: А? Како́е сего́дня число́? Я Но́вый год проспа́л?

Йеджи: Что? Сего́дня 25 декабря́ …

Саша: А, точня́к, Рождество́ в Коре́е. С рождество́м тебя́ то́же! У нас в Росси́и Рождество́ пра́зднуется в январе́.

Йеджи: Ри́ли? Когда́?

Саша: 7 января́. Потому́ что мы отмеча́ем по григориа́нскому календарю́, а в Коре́е и мно́гих други́х стра́нах по юлиа́нскому.

Йеджи: Я не зна́ла…А что вы де́лаете на Рождество́?

Саша: В Росси́и э́то обы́чно семе́йный пра́здник. Поэ́тому отмеча́ем с родны́ми и бли́зкими. А у вас?

Йеджи: У нас обы́чно па́рочки хо́дят на свида́нку в э́тот день или ве́чером 24-ого.

Саша: Хммм, не хо́чешь тогда́ прогуля́ться? Потуси́м где.

Йеджи: С удово́льствием!

Саша: Кста́ти, у нас ещё в ночь с 13 января́ на 14 отмеча́ют Ста́рый Но́вый год.

Йеджи: Интере́сно!

한국어

예지: 메리 크리스마스!

사샤: 어? 오늘 며칠이지? 난 새해도 못 보고 이렇게 오래 잔 거야?

예지: 뭐? 오늘 12월 25일인데…

사샤: 아, 맞네, 오늘 한국 크리스마스구나. 너도 메리 크리스마스! 그리고 러시아의 크리스마스는 1월에 있어.

예지: 진짜? 언제?

사샤: 1월 7일. 우리는 그레고리력으로 하고, 한국이랑 많은 나라들이 율리우스력으로 해서 그래.

예지: 몰랐어… 그럼 크리스마스에 뭐해?

사샤: 러시아에서는 보통 가정 휴일이야. 그래서 가족과 친한 친구들과 같이 보내. 한국은 어떻게 보내?

예지: 한국에선 커플들이 주로 이 날이나 24일 저녁에 데이트해.

사샤: 음, 그럼 산책 갈래? 어디 좀 놀러 가자.

예지: 좋아!

사샤: 아 그리고, 러시아에서는 1월 13~ 14일에 구정 신년도 기념해.

예지: 신기하다!

Молодёжный сленг и нормативные соответствия

точня́к = верно, точно

ри́ли = правда от англ. really

па́рочки = молодые люди, связанные романтическими отношениями

свида́нка = свидание

потуси́ть = собираться вместе где-либо, встречаться для общения

ИНТЕРЕСНО

- Старый Новый год - потому что одного мало!
  У россиян Новый год - это не один день, а целый марафон. Официальные выходные обычно с 1 по 10 января - это настоящие каникулы: салаты, фильмы, встречи с друзьями и много спиртного (обязательно шампанское), салата оливье и мандаринов.
- А потом, когда вроде бы всё уже отпраздновали, приходит ещё один Новый год - Старый Новый год, в ночь с 13 на 14 января.
  Почему так?
- Это из-за перехода со старого календаря (юлианского) на новый (григорианский).
  Но большинству просто нравится идея:
  ≪Почему бы не отпраздновать снова?≫

💡 Вывод:

В России двойной Новый год - это нормально. А некоторые празднуют и по лунному календарю. Больше праздников - больше поводов для счастья, больше поводов для встреч, больше поводов, чтобы выпить.

Лексико-грамматический комментарий к диалогу

1. Лексико-грамматические явления:

- 구어체에서 사용하는 슬랭들 (точняк, рили, тусить, с удовольствием)
- 청유 표현 (потусим, хочешь прогуляться)
- 의문사와 도입 표현들 (что, когда, потому что, кстати, рили)
- 비교 구문 (в Корее - 25 декабря, в России - 7 января)

2. Подробные пояснения:

- 구어체에서 사용하는 슬랭들:

  точняк [아, 맞다 (구어체)] - точно [정확해 (중립체)], рили [리얼?] - правда [맞아], веселиться [즐기다, 신나게 놀다 (구어체)], тусить [놀다 (구어체)] - гулять [산책하다, 놀러 다니다 (중립체)]

- 청유 표현:

  хочешь прогуляться? [산책할래?], потусим [놀자 (동사 ≪потусить≫의 제안형이며 슬랭임)] - 어떠한 행동을 제안하는 구어체 표현들입니다.

- 의문사와 도입 표현들:

  что [무엇을], когда [언제] - 의문사들입니다.

  потому что [왜냐하면] - 이유를 나타내며, 접속사입니다.

  кстати [참, 그건 그렇고] - 감정을 나타내고, 문장을 꾸며주는 삽입어입니다.

- 비교 구문:

  у нас в России ... а у вас в Корее ... [러시아에는 ~이(가) 있는데, 한국에는 ~이(가) 있어] - 각 나라 전통을 비교하는 구문입니다.

3. Мини-упражнения для закрепления материала:

☑ Упражнение 1. Вставьте подходящее слово: рили, потусим, потому что, кстати, проспал.

1. Ты ______ Новый год?
2. Мы отмечаем в январе, ______ используем другой календарь.
3. ______, у нас ещё есть Старый Новый год.
4. Не хочешь ______ сегодня вечером?
5. Ты ______ не знала про 7 января?

☑ Упражнение 2. Ответьте на вопросы по содержанию диалога.

1. Когда празднуется Рождество в Корее и в России?
2. Почему даты отличаются?
3. Как отмечают Рождество в России?
4. Что делают парочки в Корее 24-25 декабря?
5. Что такое Старый Новый год?

☑ Упражнение 3. Поставьте глаголы в скобках в правильную форму.

1. Сколько времени? Боюсь, что я _____ (проспать).

2. В этом году мы _____ (отмечать) два Рождества.

3. В этот день я обычно _____ (ходить) в торговый центр за покупками.

4. На улице хорошая погода. Давай ____ (прогуляться).

5. Может быть _____ (сходить) на набережную?

RUSSIAN

III.

БОЛЬНИЦА

병원

11. В больнице (병원에서)

12. У стоматолога (치과에서)

13. Операция (수술)

14. В аптеке (약국에서)

11 В больнице
병원에서

러시아어

Ынджин: Алё, Лёша! Хелп! У меня́ больши́е пробле́мы!
Лёша: Что случи́лось?
Ынджин: Я ката́лась на ве́лике, не туда́ заверну́ла и упа́ла. Си́льно уши́бла но́гу. Не могу́ ей то́лком пошевели́ть.
Лёша: О, бо́же! Собира́йся, я вызыва́ю такси́, и е́дем в травмпу́нкт. Возьми́ страхо́вку, па́спорт.
Ынджин: Приезжа́й скоре́е.

Врач: Проходи́те, приса́живайтесь. Ну, расска́зывайте, что случи́лось?
Ынджин: Я ката́лась на велоси́педе и упа́ла. Тепе́рь не могу́ пошевели́ть ного́й, бо́льно о́чень.
Врач: Так, всё с Ва́ми я́сно. Для нача́ла дава́йте сде́лаем рентге́н. Пройди́те в 118-ый кабине́т, и пусть Ваш друг помо́жет Вам дойти́.

Врач: Всё поня́тно, не пережива́йте, ничего́ серьёзного. Про́сто си́льный уши́б.
Лёша: Что нам сейча́с де́лать?
Врач: Ва́шей ноге́ сейча́с ну́жен поко́й. Ля́гте поудо́бнее, приподними́те но́гу. Та́кже необходи́мо наложи́ть туго́ю повя́зку.

Врач: Так как нет больши́х гемато́м, доста́точно бу́дет ма́зать уши́б гепари́нкой, что́бы синяки́ быстре́е рассоса́лись.
Ынджин: Что тако́е гепари́нка?
Врач: Это, так называ́емая, гепари́новая мазь. Её мо́жно купи́ть в любо́й апте́ке.
Ынджин: Спаси́бо, до свида́ния!
Врач: До свида́ния!

한국어

은진: 여보세요? 료샤! 도와줘! 나 큰일났어!
료샤: 무슨 일이야?
은진: 자전거를 타고 있었는데, 방향을 잘못 틀어서 넘어졌어. 다리를 심하게 다쳤어. 다리를 꼼짝도 못 하겠어.
료샤: 오, 하나님! 택시를 부를테니 외상센터로 가보자. 의료보험증이랑 여권 챙겨.
은진: 빨리 와 줘.

의사: 들어와서 앉으세요. 무슨 일인지 말씀해 주시겠어요?
은진: 자전거를 타다가 넘어졌어요. 지금 다리를 못 움직이겠어요, 너무 아파요.
의사: 잘 알겠습니다. 우선 엑스레이를 찍어 봅시다. 118호로 가세요. 친구한테 거기까지 가는 것을 도와달라고 하세요.

의사: 어떤 부상인지 알겠어요. 걱정하지 마세요. 심각하지는 않네요. 그냥 심한 타박상이에요.
료샤: 그럼 저희는 무엇을 해야 될까요?
의사: 지금 충분히 안정을 취해야 해요. 좀 편하게 누워서 다리를 올려 놓으세요. 그리고 붕대를 단단히 감아야 합니다.

의사: 멍이 심하게 안 들었기 때문에 빨리 사라지게 하기 위해 다친 부위에 헤파린을 바르는 것만으로 충분할 것 같습니다.
은진: 헤파린이 뭔가요?
의사: 항응고제 연고예요. 아무 약국에서 살 수 있어요.
은진: 감사합니다. 안녕히 계세요!
의사: 안녕히 가세요!

Молодёжный сленг и нормативные соответствия

алё = алло

хелп = помогать от англ. help

ве́лик = велосипед

всё с Вами ясно - чаще《всё с тобой ясно》для выражения разочарования

гепари́нка = гепариновая мазь

страхо́вка = страховой полис

ИНТЕРЕСНО

- Медицина в России: специалисты - огонь, и это бесплатно.
  Несмотря на все экономические сложности, в России по-прежнему уважают врачей - тут много сильных специалистов: терапевтов, хирургов, педиатров, кардиологов, офтальмологов и других.
- Что важно:
  Большинство медицинских услуг - бесплатные, если есть страховой полис (а он есть почти у всех россиян).
  Можно сходить на приём, сдать анализы, сделать УЗИ - и за это не нужно платить.
- Конечно, есть и частные клиники, где всё быстрее и комфортнее, но за деньги. Но бесплатная медицина остаётся важной частью жизни в стране - особенно в экстренных ситуациях.

💡 Вывод:

Да, в системе есть свои минусы. Но когда дело доходит до дела - российские врачи реально спасают.

Лексико-грамматический комментарий к диалогу

1. Лексико-грамматические явления:

- 명령과 청유의 표현들 (проходите, приподнимите, не переживайте, возьмите)
- 조동사 표현과 상태 동사 (не могу пошевелить, нужно, необходимо)
- 조건과 설명 구문들 (так как нет....)
- 의료 어휘 (ушиб, повязка, рентген, синяки, гепариновая мазь)

2. Подробные пояснения:

- 명령과 청유의 표현들:

  проходите [들어오세요], присаживайтесь [앉으세요], приподнимите [약간 들어올리세요], возьмите [가져가세요] - 정중한 지시나 권유의 형태들입니다.

- 조동사 표현과 상태 동사:

  не могу пошевелить [조금도 움직일 수 없다], нужно [필요하다], необходимо [무조건] - 신체 상태와 그에 맞는 행동의 필요성을 나타냅니다.

- 조건과 설명 구문들:

  так как нет больших гематом, Вам нужно нанести мазь. [큰 멍이 안들

었기 때문에..., 당신은 연고를 바르셔야 합니다.] - 설명을 도입하고, 이유를 제시 후 명확하게 표현합니다.

☞ 대화를 논리적이고 일관성 있게 만들어주는 표현입니다.

- 의료 어휘:

ушиб [타박상], повязка [붕대], гепариновая мазь [헤파린 연고], синяк [멍, 피멍], мазь [연고], рентген [엑스레이]

☞ 의료 주제에 관한 핵심 어휘들입니다.

3. Мини-упражнения для закрепления материала:

☑ Упражнение 1. Вставьте нужное слово: рентген, ушиб, повязка, приподнять, мазь.

1. Врач сказал наложить тугую ______.
2. Сделайте сначала ______ ноги.
3. Это просто сильный ______, ничего серьёзного.
4. Нужно купить гепариновую ______ в аптеке.
5. Пройдите в кабинет и сделайте ______.

☑ Упражнение 2. Ответьте на вопросы по содержанию диалога.

1. Что случилось с Ынджин?
2. Что посоветовал врач?
3. Почему нужно использовать мазь?
4. Какие документы нужно было взять с собой?
5. Что значит ≪гепаринка≫?

☑ Упражнение 3. Поставьте глаголы в скобках в правильную форму.

1. Я боюсь, что с ним что-нибудь _____ (случиться).

2. Лёша, я пойду _____ (кататься) на велосипеде.

3. Когда Вы _____ (упасть) с велосипеда?

4. ____ (сделать) рентген в 118-ом кабинете.

5. В больнице пациенту _____ (наложить) тугую повязку.

12 У стоматолога
치과에서

러시아어

Врач: Ну, что тут у нас?

Мин Джи: Зуб му́дрости беспоко́ит.

Врач: С како́й стороны́?

Мин Джи: Сле́ва.

Врач: Дава́йте посмо́трим. Откро́йте рот, ши́ре.

Мин Джи: А-а-а

Врач: Лу́чше удали́ть. Е́сли не удали́ть, то зуб при ро́сте бу́дет дави́ть на коренны́е зу́бы и при́кус мо́жет испо́ртиться.

Мин Джи: Ой, э́то о́чень бо́льно?

Врач: Нет, мы поста́вим Вам уко́л с обезбо́ливающим, пото́м че́рез 20 мину́т вы́рвем зуб.

Врач: Всё, гото́во.

Мин Джи: Это всё?

Врач: Да, но как отойдёт анестези́я, мо́гут возни́кнуть неприя́тные ощуще́ния.

Мин Джи: Ну́жно ли полоска́ть рот специа́льным сре́дством?

Врач: Да, сейча́с вы́пишу Вам реце́пт на антибио́тик. И е́сли бу́дут каки́е-нибудь пробле́мы, то сра́зу же подойди́те.

Мин Джи: Спаси́бо!

한국어

의사: 무슨 일로 오셨나요?

민지: 사랑니가 아파요.

의사: 어느 쪽이요?

민지: 왼쪽이요.

의사: 한번 봅시다. 입을 벌리세요. 더 크게요.

민지: 아아아

의사: 빼는 게 좋을 것 같네요. 만약 안 빼면 사랑니가 자라면서 어금니를 계속 밀어내서 치열이 망가질 거예요.

민지: 혹시 많이 아픈가요?

의사: 아니요, 마취 주사를 놓고 20분 후에 이를 뺄 거예요.

의사: 끝났습니다.

민지: 이게 전부인가요?

의사: 네, 하지만 마취가 풀리면서 통증이 발생할 수 있어요.

민지: 전용 약으로 입을 헹궈야 하나요?

의사: 네, 지금 처방전을 써드릴게요. 만약 어떤 문제가 생기면 바로 오세요.

민지: 감사합니다!

Молодёжный сленг и нормативные соответствия

обезбо́л = обезболивающее лекарство, средство

ИНТЕРЕСНО

- Зуб на крышу - это по-нашему.

  Одна из самых забавных традиций в России - забросить выпавший молочный зуб на крышу дома.

  Говорят, так быстрее вырастет новый - крепкий и здоровый.

  В других регионах зуб кладут под подушку или в угол дома, чтобы его забрала мышь или домовой.

- Это, конечно, суеверие. Но таких в России много: постучать по дереву, не свистеть в доме, не передавать вещи через порог, не переходить дорогу, по которой прошла чёрная кошка, - список можно продолжать вечно.

- Забавно, что при всём этом россияне доверяют традиционной медицине: зубы лечат у стоматолога, таблетки пьют по назначению, и в случае необходимости проходят необходимые обследования.

- Вывод:

  Суеверия - для души, медицина - для тела. И это вполне мирно уживается в повседневной жизни!

Лексико-грамматический комментарий к диалогу

1. Лексико-грамматические явления:

- 명령과 청유의 표현들 (откройте, посмотрите, подойдите, полоскайте)

- 조동사를 활용한 필요성 표현 (нужно ли ..., могут возникнуть проблемы)
- 조건 구문 (если не удалить …, то зуб будет давить …)
- 의료(치과) 어휘 (зуб мудрости, прикус, анестезия, укол, обезболивающее, рецепт)

2. Подробные пояснения:

- 명령형, 청유 표현:

  откройте [열어주세요], посмотрите [한번 봐주세요], подойдите [다가와 주세요]

- 조동사를 활용한 표현:

  нужно ли [~해야하나요?], могут возникнуть [(문제 등이) 생길 수 있다] - 가능성과 필요성 혹은 의심 등을 나타냅니다.

- 조건 구문:

  если не удалить, то … [만약 제거하지 않으면, 그럼 ...] - 전형적인 1형 조건문입니다.

  *1형 조건문 - если + 현재시제 동사, то + 현재 또는 미래시제 동사

☞ 조건과 그 결과를 연결시켜 줍니다.

- 의료 어휘:

  зуб мудрости, прикус, анестезия, укол, обезболивающее - 치과와 관련된 의료 어휘들입니다.

☞ 의사에게 방문할 때나 의사의 설명을 이해하는 데 유익합니다.

3. Мини-упражнения для закрепления материала:

☑ **Упражнение 1. Вставьте нужное слово: удалим, укол, рецепт, подойдите, обезболивающее.**

1. Сейчас мы поставим Вам ______.
2. Через 20 минут мы ______ зуб.
3. После удаления зуба врач выпишет Вам ______.
4. Если будут проблемы, сразу же ______ к врачу.
5. Боль уменьшится благодаря ______.

☑ **Упражнение 2. Ответьте на вопросы по содержанию диалога.**

1. Что беспокоит Мин Джи?
2. Почему врач рекомендует удалить зуб?
3. Какие действия выполнит врач?
4. Что может произойти после окончания действия анестезии?
5. Что Мин Джи должна делать в случае проблем?

☑ **Упражнение 3. Поставьте глаголы в скобках в правильную форму.**

1. Раньше Вас _____ (беспокоить) этот зуб?
2. Сейчас я _____ (посмотреть), ____ (открыть) рот.
3. Мне _____ (удалить) коренной зуб на прошлой неделе.
4. Врач ____ (поставить) укол.
5. Скажите, пожалуйста, когда Вы _____ (вырвать) зуб?

13 Операция
수술

러시아어

Минсу и опекун: Здра́вствуйте!

Врач: Ита́к, больно́й Минсу поступи́л с аппендици́том. За́втра гото́вится лечь на операцио́нный стол для удале́ния аппе́ндикса.

Минсу: Стра́шно, о́чень уж бою́сь.

Опекун: Вы́ше нос, всё бу́дет норм, не бо́йся.

Врач: Да, не беспоко́йтесь, э́то станда́ртная опера́ция, всё пройдёт гла́дко, как по ма́слу. Для нача́ла медсестра́ сде́лает забо́р кро́ви, но э́то за́втра натоща́к. Та́кже за́втра у́тром Вам ну́жно бу́дет сдать мочу́. Зате́м, е́сли ана́лизы бу́дут хоро́шие, присту́пим к опера́ции.

Опекун: Хорошо́.

Минсу: Ско́лько мне ну́жно бу́дет лежа́ть в больни́це по́сле опера́ции?

Опекун: Ду́маю, тебе́ придётся торча́ть в больни́це ми́нимум неде́лю.

Врач: Э́то мы посмо́трим по Ва́шему самочу́вствию по́сле сня́тия швов.

Врач: (После операции в палате) Всё прошло́ хорошо́, никаки́х осложне́ний нет. Если самочу́вствие бу́дет хоро́шим, то мо́жно бу́дет вы́писаться че́рез неде́лю.

한국어

민수, 보호자: 안녕하세요!

의사: 자, 민수 환자는 맹장염으로 입원했군요. 내일 맹장을 제거할 예정이니 수술받으실 준비를 해주세요.

민수: 무서워요. 벌써부터 너무 겁나요.

보호자: 고개 들고, 전부 괜찮을 거니까 겁내지 마.

의사: 맞아요 걱정하지 마세요. 평범한 수술이니 물 흐르듯이 술술 잘 진행될 겁니다. 우선 간호사가 채혈을 할 건데 내일 공복으로 있으셔야 해요. 게다가 내일 아침에 소변 검사도 해야 돼요. 검사 결과가 좋으면 그 때 수술을 진행하도록 할게요.

보호자: 알겠습니다.

민수: 수술이 끝나고 나서 얼마동안 입원해 있어야 하나요?

보호자: 내 생각에는, 적어도 일주일은 병원에 꼼짝 말고 있어야 할 거 같은데?

의사: 이 부분에서는 저희가 환자분 실밥 제거 후 몸 상태를 한 번 두고 볼 거예요.

의사: (수술 후, 병실에서) 수술이 잘 됐고, 합병증도 없어요. 몸 상태가 좋으면, 일주일 후에 퇴원할 수 있을 거 같아요.

Молодёжный сленг и нормативные соответствия

вы́ше нос = не расстраивайся

норм = нормально, хорошо

как по ма́слу = легко, без проблем

торча́ть = находиться где-либо без дела

ИНТЕРЕСНО

- Аппендицит vs аппендикс - почувствуй разницу

  Большинство носителей русского языка говорит:

  ≪Мне вырезали аппендицит≫ - и вроде всё понятно… но это не совсем верно.

- Аппендицит - это заболевание, воспаление.
- Аппендикс - это орган, который и удаляют.

  Так что правильно будет сказать:

  ≪Мне вырезали аппендикс≫

  А операция по-научному называется аппендэктомия (но это уже уровень ≪очень умно≫).

- Вывод:

  Аппендицит беспокоит - удаляют аппендикс.

  А фраза вырезать аппендицит - это как сказать: удалить головную боль.

Лексико-грамматический комментарий к диалогу

1. Лексико-грамматические явления:

- 관용 표현과 고정표현들 (как по маслу, выше нос, не бойся, всё будет норм)
- 명령과 격려의 표현들 (не бойся, не беспокойтесь, сдайте)
- 조건 구문 (если самочувствие будет хорошим)
- 의료 어휘들 (аппендикс, аппендицит, операция, анализы, забор крови, осложнения, швы, выписаться)

2. Подробные пояснения:

- 관용 표현과 고정표현들:

  всё будет норм [전부 괜찮을거야 (직역: 평소 같을거야)], как по маслу [잘 될 거야 (직역: 버터를 바른 것 처럼)], выше нос [기운 내 (고개 들어)]

☞ 격려를 위한 구어체 표현들입니다.

- 명령과 격려의 표현들:

  не бойся [겁내지 마], не беспокойтесь [걱정하지 마세요], сдайте анализы [검사를 받으세요]

- 조건 구문:

  если самочувствие будет хорошим, то … [만약 컨디션이 좋아진다면, 그럼 ...] - 조건과 결과를 나타내는 구문입니다.

☞ 미래 예측과 결정을 하는 데에 사용되는 제 1형 조건문입니다.

- 의료 용어:

  аппендицит [맹장염], операция [수술], анализы [검사], забор крови [채혈], осложнения [합병증], швы [봉합부위] - 병원 입원을 할 때에 사용하는 중요한 용어들 입니다.

☞ 일상적인 병원에서 사용하는 간단하면서도 정확한 용어들입니다.

3. Мини-упражнения для закрепления материала:

☑ Упражнение 1. Вставьте нужное слово или выражение: операция, выше нос, анализы, швы, выписаться.

1. Если всё хорошо, можно будет ______ через неделю.
2. Пациент боится, а врач говорит: ≪______!≫.
3. Завтра с утра нужно будет сдать ______.
4. Врач примет решение после снятия ______.
5. Минсу будет лежать в больнице после ______.

☑ Упражнение 2. Ответьте на вопросы по содержанию диалога.

1. С каким диагнозом поступил Минсу?
2. Что ему нужно сделать до операции?
3. Что говорили врачи и опекун, чтобы его поддержать?
4. Сколько времени, по словам опекуна, он будет в больнице?
5. При каком условии Минсу может выписаться?

☑ Упражнение 3. Поставьте глаголы в скобках в правильную форму.

1. Когда Вы _____ (поступить) к нам?
2. Боюсь, мне будут _____ (удалять) аппендикс.
3. Доктор, скажите, пожалуйста, как _____ (пройти) операция?
4. Утром ____ (сдать) мочу.
5. Я _____ (лежать) в больнице две недели.

14 В аптеке
약국에서

러시아어

Минсу: Здра́вствуйте!

Фармацевт: Здра́вствуйте!

Минсу: Я уезжа́ю в другу́ю страну́ на о́тдых, и мне ну́жно собра́ть апте́чку необходи́мых лека́рств для пе́рвой по́мощи.

Фармацевт: Возмо́жно, Вам пона́добится сре́дство от расстро́йства желу́дка, раз Вы уезжа́ете в другу́ю страну́.

Минсу: Да, что-то от пищево́го отравле́ния. Табле́тки от головно́й бо́ли, болеутоля́ющее и жаропонижа́ющее.

Фармацевт: Пла́стырь, йод или зелёнку ну́жно положи́ть?

Минсу: А что тако́е зелёнка?

Фармацевт: Зелёнка - это́ почти́ то́же са́мое, что и йод. Тако́й же антисе́птик, но немно́го слабе́е и сама́ жи́дкость име́ет зелёный цвет.

Минсу: Интере́сно, у нас в Южной Коре́е нет тако́го антисе́птика. Хорошо́. Дава́йте и мо́жно ещё паке́т?

Фармацевт: С Вас 1000 рубле́й.

Минсу: Хорошо́.

Фармацевт: По безна́лу или нали́чкой?

Минсу: Нали́чкой.

Фармацевт: Спаси́бо, что без сда́чи. До свида́ния!

Минсу: До свида́ния!

한국어

민수: 안녕하세요!

약사: 안녕하세요!

민수: 휴가차 외국으로 가려고 하는데, 응급 처치에 필요한 약이 담긴 구급상자가 필요해요.

약사: 그러면 다른 나라로 가는 거니까, 배탈이 났을 때 먹을 수 있는 약이 필요할 것 같네요.

민수: 네, 식중독 약 같은 게 필요할 것 같아요. 그리고 두통약, 진통제랑 해열제도 주세요.

약사: 밴드와 요오드나 브릴리언트 그린(소독약)도 넣을까요?

민수: ≪브릴리언트 그린≫이 뭐예요?

약사: 브릴리언트 그린은 요오드와 거의 같아요. 같은 소독제이지만, 좀 (농도가) 연하고 액체 자체가 녹색이에요.

민수: 신기하네요. 한국에는 그런 소독제가 없어요. 좋아요, 그럼 주세요. 그리고 비닐 봉투도 좀 주세요.

약사: 총 1,000루블입니다.

민수: 알겠습니다.

약사: 카드로 아니면 현금으로 결제하실 건가요?

민수: 현금이요.

약사: 거스름돈 없이 주셔서 고맙습니다. 안녕히 가세요!

민수: 안녕히 계세요!

Молодёжный сленг и нормативные соответствия

безна́л = безналичный платёж

нали́чка - наличные деньги

ИНТЕРЕСНО

Зелёнка vs Йод - аптечная классика по-русски.

Если Вы порезались в Корее - скорее всего, достанут йод, пластырь или антисептический крем. А вот в России долгое время ≪королева≫ всех ран - это зелёнка!

Зелёнка (бриллиантовый зелёный) - это антисептик зелёного цвета. Работает как йод, но мажет так, что видно из космоса. Иногда используется в качестве ≪оружия≫ вместо яиц и помидоров. Йод - коричневый, зелёнка - зелёная. Йод может щипать, но быстро смывается. А вот зелёнка... держится днями.

Главное отличие:

- Йод - универсальный антисептик, используется по всему миру.
- Зелёнка - чисто русская фишка. Для иностранцев - загадка, для россиян - надёжное, безопасное обеззараживающие средство, не вызывающее сильного раздражения кожи.

Лексико-грамматический комментарий к диалогу

1. Лексико-грамматические явления:

- нужно, можно + 동사원형 형태들 (мне нужно собрать, можно ещё пакет?)
- 의문문과 설명 구문들 (что такое зелёнка?, почти то же самое, что и...)
- 정중한 대화 표현과 제안 표현 (давайте, с Вас ..., по безналу или наличкой?)
- 약과 관련된 어휘들 (пластырь, йод, зелёнка, антисептик, болеутоляющее, жаропонижающее)

2. Подробные пояснения:

- нужно, можно + 동사원형 형태들:

  мне нужно собрать аптечку [나는 구급상자를 준비해야 한다], можно ещё пакет? [봉지 하나 더 받아도 되나요?]

☞ 정중하게 필요성을 강조하고 허용을 구하는 표현입니다.

- 의문문과 설명 구문들:

  Что такое зелёнка? [≪зелёнка≫가 뭔가요?] - 의미 확인을 위한 전형적인 질문 형식입니다.

  почти то же самое, что и йод [거의 비슷한 건데, 요오드 같은 거예요] - 설명을 위한 비교 표현입니다.

- 정중한 대화 표현과 제안 표현:

  давайте [그러면 ~하세요]- 제안을 하는 표현입니다.

  с Вас..., по безналу или наличкой? [총 ~원이고요, 카드로 하시겠나요 현금

으로 하시겠나요?] - 결제를 할 때 사용되는 일반적인 표현입니다.

☞ 서비스 분야에서 자주 사용되는 표현들입니다.

- 약과 관련된 어휘들:

  жаропонижающее [해열제], антисептик [소독약], пластырь [반창고], зелёнка [질론까: 소독약의 일종], йод [요오드] - 구급상자에 들어가는 필수적인 기본 의약품들입니다.

☞ 여행객에게 유용하며, 약국에서 의사소통 할 때 도움이 됩니다.

3. Мини-упражнения для закрепления материала:

☑ **Упражнение 1. Вставьте нужное слово или выражение: зелёнка, антисептик, можно, нужно, жаропонижающее.**

1. Мне ______ собрать аптечку перед поездкой.
2. Что такое ______? У нас в Корее такого нет.
3. Йод - это ______, и зелёнка - тоже.
4. У меня температура. Дайте что-нибудь ______.
5. ______ мне ещё один пакет?

☑ **Упражнение 2. Ответьте на вопросы по содержанию диалога.**

1. Куда собирается поехать Минсу?
2. Какие лекарства он просит?
3. Что такое зелёнка, по объяснению фармацевта?
4. Как Минсу оплатил покупку?
5. Какие вежливые фразы использует фармацевт при обслуживании?

☑ **Упражнение 3. Поставьте глаголы в скобках в правильную форму.**

1. Летом он _____ (уехать) в другую страну на отдых.
2. Ты уже _____ (собрать) аптечку?
3. Обязательно _____ (положить) пластырь и йод.
4. Каким образом Вы ____ (платить)?
5. Я _____ (оплатить) картой.

RUSSIAN

IV.

ДОСУГ, РАЗВЛЕЧЕНИЯ

여가, 오락

15. Знакомство в клубе (클럽에서 사귀기)

16. Свидание (데이트)

17. В кафе (식당에서)

18. Кино в Корее (한국에서의 영화)

19. Пикник (소풍)

20. Экзамены (시험)

15 Знакомство в клубе
클럽에서 사귀기

러시아어

Ёнгщик: Ко́стя, посмотри́ на ту де́вушку. Как она́ тебе́?

Костя: Это та блонди́нка и́ли ря́дом с ней брюне́тка?

Ёнгщик: Брюне́тка.

Костя: О, иди подкати́ к ней.

Ёнгщик: Да нет, наве́рное. Я не зна́ю, как знако́миться с ру́сскими де́вушками. И в Коре́е я не знако́мился с де́вушками.

Костя: Не дрейфь, щас научу́! Подхо́дишь к ней и предлага́ешь потанцева́ть.

Ёнгщик: А е́сли она́ отка́жет?

Костя: Тогда́ угости́ её кокте́йлем. И всё вре́мя улыба́йся, не трусь.

Ёнгщик: Окей я пошёл, пожела́й мне уда́чи!

Костя: Дава́й, дерза́й!

Костя: О краса́ва! Как прошло́?

Ёнгщик: Отли́чно! Я в пя́тницу позва́л её на свида́нку.

Костя: Да ты, дружи́ще, вкра́шился в неё!

Ёнгщик: Что э́то зна́чит?

Костя: Это зна́чит, что ты влюби́лся по́ уши.

한국어

영식: 코스탸, 저 여자 봐. 어떤 것 같아?

코스탸: 금발 여자 아니면 그 옆에 있는 흑갈색 머리 여자?

영식: 흑갈색 머리 여자.

코스탸: 오, 그 여자한테 가서 대쉬해 봐.

영식: 음, 아닌 것 같은데. 러시아 여자애들이랑 어떻게 친해질지 모르겠어. 한국에서도 여자애랑 한 번도 친구해본 적 없단 말이야.

코스탸: 쫄지 마, 지금 알려줄게! 여자애한테 가서 같이 춤추자고 해보는거지.

영식: 만약에 거절하면?

코스탸: 그러면 칵테일을 쏴 봐. 그리고 항상 웃어야 돼, 쫄지 말고.

영식: 오키, 나 간다? 행운 좀 빌어 줘!

코스탸: 얼른, 질러봐!

코스탸: 어이 멋쟁이! 어떻게 됐냐?

영식: 잘됐지! 금요일에 데이트하기로 했어.

코스탸: 요놈 봐라, 쟤한테 홀딱 빠졌네!

영식: 그게 무슨 뜻이야?

코스탸: 너가 걔한테 입이 귀에 걸릴 정도로 완전 반했다는 거야.

Молодёжный сленг и нормативные соответствия

как он(а) тебе́? = нравится ли тебе он(а)?

подкати́ть = подойти, чтобы познакомиться

да нет, наве́рное = скорее нет, чем да, выражает неуверенность

не дрейфь = не бойся

дерза́й = действуй смело

краса́ва = молодец

свида́нка = свидание

вкра́шиться = влюбиться

ИНТЕРЕСНО

- Стереотип о блондинках жив до сих пор.
  В России давно существует культурный миф о блондинках: мол, девушки со светлыми волосами (чаще всего - крашенными) якобы глупые, но зато выглядят эффектно и привлекают внимание.
- Конечно, это всего лишь стереотип, который активно поддерживается в анекдотах, мемах и массовой культуре.
  На практике - блондинка может быть программистом, офис-менеджером, преподавателем вуза, стендапером и даже полицейским.
  Цвет волос с интеллектом никак не связан.

Вывод:

Стереотипы - это часть языка и юмора, но важно понимать, где шутка, а где предвзятость.

Блондинка - это не диагноз, а просто стиль.

Лексико-грамматический комментарий к диалогу

1. Лексико-грамматические явления:

- 구어체 표현과 슬랭들 (вкрашиться, по уши, красава, не трусь, окей)
- 명령과 권유의 표현들 (иди, подкати, не дрейфь, дерзай, улыбайся)
- 조건 구문 (если она откажет ...)
- 소통과 감정을 표현하는 동사들 (знакомиться, влюбиться, улыбаться, пожелать, угости)

2. Подробные пояснения:

- 구어체 표현과 슬랭들:

  вкрашиться [누군가에게 홀딱 반하다 (영어 crush에서 유래)] - влюбиться [사랑에 빠지다], по уши [흠뻑(귀까지)] - сильно [매우], красава! [멋지다!, 잘했어 (구어체)] - молодец! [잘했어! (중립체)], не трусь [쫄지마] - не бойся [겁먹지 마], окей [오케이 (영어 okey에서 유래)] - хорошо [그래요]

- 명령과 권유의 표현들:

  иди [가], подкати [대쉬해 봐, 작업 걸어], не дрейфь [쫄지마], дерзай [해 봐], улыбайся [웃어]

☞ 구어체에서 주로 사용되는 명령형 형태의 동사들입니다.

- 조건 구문:

  если она откажет - то угости коктейлем [만약 그녀가 거절한다면, 칵테일을 사 줘]

☞ 구조: ≪если + 주어 + 동사 - то 명령형≫ 조건과 가능한 결과를 나타내는 구문입니다.

- 소통과 감정을 표현하는 동사들:

  знакомиться [알게되다, 사귀다], улыбаться [미소짓다], влюбиться [사랑에 빠지다], пожелать [소원을 빌다], угостить [대접하다] - 사회적인 활동을 할 때의 행동을 묘사하는 동사들입니다.

☞ 로맨틱하거나 우정의 맥락에서 유용합니다.

3. Мини-упражнения для закрепления материала:

☑ **Упражнение 1. Вставьте подходящее выражение: дерзай, пожелай, красава, откажет, вкрашился.**

1. Если она ______, угости её коктейлем.
2. ______ мне удачи, я иду знакомиться!
3. Давай, не бойся, ______!
4. Молодец! ______ просто!
5. Ты точно в неё ______ - видно по глазам!

☑ **Упражнение 2. Ответьте на вопросы по содержанию диалога.**

1. Что Костя советует делать при знакомстве?
2. Чего боится Ёнгщик?
3. Что значит ≪вкрашиться≫?

4. Что Ёнгщик планирует делать в пятницу?

5. Какие слова использует Костя, чтобы подбодрить друга?

☑ Упражнение 3. Поставьте глаголы в скобках в правильную форму.

1. Костя, ____ (посмотреть) в окно.
2. Я не смогу ____ (подходить) к ней.
3. ____ (предложить) ей потанцевать.
4. Ты слишком много ____ (улыбаться).
5. Мне кажется, я ____ (влюбиться).

16 Свидание
데이트

러시아어

Костя: Так, у тебя́ сего́дня свида́ние, не забу́дь подари́ть ей цветы́. Но нечётное коли́чество. А то получи́ть мо́жешь.

Ёнгщик: В смы́сле?

Костя: В том смы́сле, что де́вушка мо́жет оби́деться. Обы́чно чётные на по́хороны, а нечётные хоть когда́.

Ёнгщик: По́нял.

Костя: Дерза́й!

Ёнгщик: А куда́ вести́? Мо́жет в парк?

Костя: Не, не ва́рик, ве́чером дождь обеща́ли. Предложи́ в кино́, а пото́м в кафе́. Но не забу́дь, в Росси́и мужчи́ны пла́тят за де́вушку. Ещё запо́мни, не смей заставля́ть де́вушку ждать тебя́, приди́ пора́ньше.

Ёнгщик: Всё, я пошёл.

Костя: Дава́й! Звони́, е́сли что.

한국어

코스탸: 자, 오늘 너 데이트 있는 날이네, 걔한테 꽃 선물하는 거 잊지 마. 홀수로. 안 그럼 욕 먹을 수 있어.

영식: 뭔 말이야?

코스탸: 여자애가 기분 나빠 할 수 있다는 말이지. 보통 짝수는 장례식 때, 홀수는 아무 때나.

영식: 알았어.

코스탸: 가보자!

영식: 어디로 데려가지? 공원으로?

코스탸: 아니, 그건 아냐. 저녁에 비가 올 거야. 영화관에 가자고 해, 그 후에는 식당으로. 그러나 러시아에서는 남자들이 데이트 비용을 부담한다는 걸 잊지 마. 그리고 여자가 너를 기다리게 해서는 안 된다는 걸 기억해. 좀 일찍 가 있어.

영식: 됐고, 나 간다.

코스탸: 그래! 뭔 일 있으면 전화해.

Молодёжный сленг и нормативные соответствия

получи́ть = получить по заслугам, получить взбучку

ва́рик = вариант

дерза́й = действуй смело

дава́й - пока

ИНТЕРЕСНО

💡 Сколько цветов дарить и почему это важно.

В России к букетам относятся с уважением и смыслом. Тут важно не только, что дарите, но и сколько.

💡 Нечётное количество цветов - обязательно!

Почему? Потому что чётное число несут только на похороны. Поэтому всегда: 1, 3, 5, 7 и так далее.

💡 А теперь - немного символики (по данным одного питерского сайта):

- 1 роза - любовь с первого взгляда
- 5 цветов - классика, чтобы пожелать счастья
- 9 - ≪я хочу быть с тобой всегда≫
- 11 - ≪я верен(а) тебе навсегда≫
- 15 - универсальный букет для любого повода
- 25 - ≪всё серьёзно≫
- 51 / 101 / 151 - ≪люблю без границ≫ (идеально для предложения руки и сердца)

💡 Цвет тоже говорит многое:

Красный - страсть, любовь (особенно розы). Но гвоздики - это уже про память и кровь, их обычно дарят на памятные даты.

Жёлтый - цвет солнца, свободы, энергии Но! По стереотипам в России он ассоциируется с разлукой.

💡 Вывод:

В России букет - это послание. И если Вы выбрали правильное число и цвет, Ваш подарок будет не просто красивым, а по-настоящему говорящим без слов.

Лексико-грамматический комментарий к диалогу

1. Лексико-грамматические явления:

- 구어체 줄임말과 표현들 (не варик, хоть когда, в смысле, всё я пошёл, хоть когда)
- 명령과 조언의 표현들 (подари, дерзай, предложи, запомни, приди, звони)
- 조동사와 경고 표현 (не смей, не забудь, можешь получить)
- 조건과 설명 구문 (а то получишь, в том смысле, что ...)
- 러시아의 데이트, 문화와 관련된 예의 (цветы) чётное, нечётное количество, платить за девушку, не заставлять ждать)

2. Подробные пояснения:

- 구어체 줄임말과 슬랭들:

  не варик [그건 옵션이 아냐 (вариант의 축약형, 구어체)] - не вариант [별로인 선택지 (중립체)], в смысле [무슨 뜻이야?] - уточнение [의미], всё, я пошёл (~ла) [됐다, 나 간다] - я ухожу [가보겠습니다], хоть когда [언제든지] - в любое время [원하는 시간에]

- 명령과 조언의 표현들:

  подари [선물해 봐], дерзай [해 봐], предложи [제안해 봐], запомни [기억해], приди [와 줘], звони [전화해]

- 조동사와 경고 표현:

  не смей [감히 ~하지마], не забудь [잊지마] - 금지를 나타내는 표현입니다.
  можешь получить [욕을 먹을 수도 있다] - 가능성을 나타내는 표현입니다.

☞ 추천이나 경고를 더욱 강하게 전달할 때 사용됩니다.

• 조건과 설명 구문:

а то получишь! [안 그러면 욕먹어!], в том смысле, что ... [그말인 즉슨, ~라는 의미에서] - 인과 관계를 형성합니다.

☞ 원인-결과 관계를 명확히 하거나, 말의 의미를 추가로 해설할 때 사용됩니다.

• 러시아의 데이트, 문화와 관련된 예의:

цветы - 꽃 선물은 러시아의 데이트에서 일반적인 매너입니다, чётное, нечётное количество - 짝수 개의 꽃은 죽은 이에게, 홀수 꽃은 살아있는 이에게 줍니다, платить за девушку [여자를 위해 계산하다] - 첫 데이트에서 남자가 비용을 내는 것이 보편적입니다, не заставлять ждать [기다리게 하지 않다] - 여자를 기다리게 하지 말라는 문화적 조언입니다.

☞ 러시아에서 이성간의 만남과 데이트에 있어서 중요한 요소입니다.

• Давай는 몇몇의 의미로 나뉘어집니다.

1. 행동을 권유하는 표현: Давай погуляем! [산책하러 가자!]
2. 구어체에서의 작별인사: Ну, давай, пока! [음, 그럼 잘가!]
3. 동의나 수긍의 표현: Давай, я согласен! [그래, 나 동의해!]
4. 행동을 제촉하는 표현: Давай, открывай дверь! [어서, 문을 열어봐!]
5. 놀람이나 감탄의 표현: Ну ты даёшь! [야, 너 진짜 대단하다!]

3. Мини-упражнения для закрепления материала:

☑ Упражнение 1. Вставьте подходящее выражение: подари, не варик, запомни, в смысле, приди.

1. _______ цветы, только нечётное количество.
2. Парк - это _______, сегодня дождь.

3. ______ пораньше, не опаздывай.

4. ______, что в России мужчины платят за девушку.

5. Ты серьёзно? ______?

☑ Упражнение 2. Ответьте на вопросы по содержанию диалога.

1. Что Костя советует подарить девушке?
2. Почему нельзя дарить чётное количество цветов?
3. Куда не стоит звать девушку и почему?
4. Каковы культурные нормы на свидании в России?
5. Какие выражения использует Костя, чтобы дать советы?

☑ Упражнение 3. Поставьте глаголы в скобках в правильную форму.

1. Ёнгщик, боюсь, что _____ (забыть) подарить цветы.
2. Надеюсь, она не _____ (обидеться).
3. Куда думаешь её _____ (повести)?
4. Ты ____ (предлагать) сходить в кино?
5. Не _____ (заставлять) девушку ждать тебя.

17 В кафе

식당에서

러시아어

Ёнгщик: Как те фильм? Понра́вился?

Дана: Да, прико́льный. Но я тепе́рь ужа́сно голо́дная. Пошли́ в кафе́шку?

Ёнгщик: Если ты голо́дная, то мо́жет быть лу́чше в рестора́н?

Дана: Нет, рестора́н - э́то до́рого, а я на мели́.

Ёнгщик: Но что же мы мо́жем пое́сть в кафе́шке? Только чай, да ко́фе с то́ртиком.

Дана: Аа, нет, у нас в Росси́и кафе́шка, кафе́ - это что-то ти́па столо́вки, где ты мо́жешь пое́сть по-дешма́нски, но вку́сно.

Ёнгщик: Тепе́рь до меня́ дошло́. Тогда́ го!

Дана: Или мо́жем перехвати́ть что́-нибудь в Маке*, и́ли пое́сть шаву́ху.

Ёнгщик: О, ри́ли, го по ша́ве возьмём и в парк.

Дана: Я за.

* Вкусно - и точка - российский аналог McDonald's.

한국어

영식: 영화는 어땠어? 마음에 들었어?

다나: 응, 재미있네. 근데 나 지금 겁나 배고파졌는데. 식당에 갈까?

영식: 너가 배고프면 레스토랑에 가는 게 더 낫지 않아?

다나: 아니, 레스토랑은 비싸, 그리고 난 돈이 없어.

영식: 카페쉬카에서 우린 뭘 먹을 수 있지? 차 아니면 커피나 마시고 케이크를 먹겠지.

다나: 아, 아니야. 러시아에서 카페쉬카는 그냥 카페가 아니라 식당 같은 곳이야. 저렴하게 맛있는 음식을 먹을 수 있거든.

영식: 이제야 이해됐네, 그러면 가보자!

다나: 아니면 브쿠스나 이 토치카에 가서 뭘 먹든지 아니면 샤부하를 먹을까?

영식: 오, 그래, 샤부하를 사가서 공원에서 먹자.

다나: 좋아.

Молодёжный сленг и нормативные соответствия

прико́льный = хороший, интересный

кафе́шка = кафе

я на мели́ = у меня мало денег

ти́па = что-то наподобие

столо́вка = столовая

по-дешма́нски = дёшево

го = пойдём, пошли от англ. go

перехватить = перекусить, что-то быстро съесть

шаву́ха (ша́ва) - шаверма, шаурма

ИНТЕРЕСНО

- Кафе или кофейня? Не перепутайте!
  В Южной Корее почти каждую встречу назначают в кафе, но на деле это кофейня: уютное место, где пьют кофе, болтают и делают красивые фото в Instagram.
  А вот в России кафе - это совсем другое.
- В российском кафе можно не только взять капучино и тортик, но и плотно поесть:
  завтрак, обед, ужин - всё зависит от формата и кухни. Это как мини-ресторан, только без пафоса.
- А как тогда различать?
  - Кофейня - место, где главный герой меню - кофе.
  - Кафе - место, где можно и кофе, и борщ, и пюре с котлетой, и даже суши с пиццей заказать.
  - Ресторан - уже уровень люкс: дорогие блюда, официанты, дресс-код.
  - Столовая - максимально просто и по-домашнему: поднос, суп, компот и ≪всё включено≫ за демократичную цену.

Вывод:

В России кафе ≠ кофейня, так что если хотите просто выпить латте - лучше уточните формат, чтобы случайно не оказаться на обеде с пюре и шницелем.

В гости по-русски - это не просто чай попить.

В России до сих пор сильны традиции гостеприимства. Россияне любят ходить в гости и приглашать к себе. И это точно не ≪заскочить на 5 минут≫.

Хозяева готовятся по полной:

первое, второе, салаты, напитки - всё как на праздник.

Раньше ещё и тортики пекли дома, сейчас чаще покупают в кондитерской - вкусно и без заморочек.

Но главное - это атмосфера: тёплая, по-домашнему душевная и с угощениями на любой вкус.

Шаверма или шаурма? - Кто прав?

Это одно и то же блюдо: жареное мясо в лаваше или пите, с овощами, соусом и огромным желанием его съесть прямо на ходу.

Но вот как называть - тут начинается лингвистическая война:

- В Москве - шаурма́
- В Питере - шаве́рма

Первый официально появился в словарях вариант шаурма, но петербуржцы стоят на своём - и никто никому не уступает.

Вывод:

Как бы Вы это ни называли, главное - чтобы было вкусно.

Лексико-грамматический комментарий к диалогу

1. Лексико-грамматические явления:

- 구어체 및 슬랭 표현들 (прикольный, на мели, по-дешмански, шавуха, шава, я за)
- 명령과 청유 표현들 (пошли, перехвати, поешь, возьми)
- 의문문, 가정문 (как тебе…?, если… то…)
- 비교 구문 (лучше)

2. Подробные пояснения:

- 구어체 및 슬랭 표현들:

  прикольный [재밌는] - интересный [재밌는 (중립체)], на мели [빈털터리다] - у меня нет денег [나에게는 돈이 없다], по-дешмански [싸게 (구어체)] - недорого [싼 (중립체)], шавуха, шава [샤와르마 (축약형)] - шаурма [샤와르마 (중립체)], я за [나 찬성!] - я согласен [동의해]
- 명령과 청유 표현들:

  пошли [가자], перехвати [간단히 뭐 좀 먹어], поешь [좀 먹어봐]
- 의문문, 가정:

  как тебе + 명사, 동사? [~ (하는 거) 어때?] - 감정, 의견을 묻는 데 사용합니다.

☞ 예시: Как тебе фильм? [영화 어땠어?], Как тебе учиться по выходным? [주말에 공부하는 거 어때?]

  если… то… [만약 ~라면, ...이다/하자] - 가정 또는 조건을 제시하며, 중립체에서도 동일하게 사용됩니다.

☞ 예시: Если ты голодная, то, может быть, лучше в ресторан? [만약 너가 배고프다면, 그럼 레스토랑에 가는게 더 낫지 않을까?]

- 비교 구문:

лучше [더 나은] - 어떤 선택이 다른 것보다 낫다고 말할 때

☞ 예시: Лучше пойдём в ресторан. [레스토랑에 가는게 더 좋겠어.]

3. Мини-упражнения для закрепления материала:

☑ Упражнение 1. Ответьте на вопросы по содержанию диалога.

1. Что значит ≪поесть по-дешмански≫?
2. Какое значение у фразы ≪до меня дошло≫?
3. Как можно сказать по-другому: ≪го по шаве≫?
4. Что такое ≪Мак≫ в разговорной речи?
5. Переведите: ≪Я за шавой и в парк≫.

☑ Упражнение 2. Ответьте на вопросы по содержанию диалога.

1. В каком времени сказаны фразы ≪пошли≫, ≪возьмём≫, ≪перехватим≫?
2. Найдите в тексте примеры повелительного наклонения.
3. Сравните значение слов ≪кафе≫ и ≪ресторан≫ в России.
4. Объясните, почему используется форма ≪поесть≫, а не ≪есть≫.
5. Преобразуйте предложение ≪Пошли в кафе≫ в форму вопроса.

☑ Упражнение 3. Поставьте слова в скобках в правильную форму.

1. Тебе _____ (нравиться) детективы?
2. Дана, если ты _____ (голодный), мы ____ (мочь) пойти в кафе.
3. Где лучше _____ (поесть) в кафе или университетской столовой?
4. Теперь я ____ (понять).
5. Давай _____ (перекусить) в Маке.

18 Кино в Корее

한국에서의 영화

러시아어

Ёнчхоль: Ге́на, у тебя́ есть уже́ пла́ны на вы́хи?

Гена: Нет, а что?

Ёнчхоль: Пошли́ в кино́шку схо́дим?

Гена: А на что? Я же не о́чень зна́ю коре́йский.

Ёнчхоль: Не па́рься, ты же хорошо́ знаешь англи́йский?

Гена: Ну да, зна́ю.

Ёнчхоль: Вот! Мы мо́жем пойти́ на фильм Тор. Он же америка́нский.

Гена: Ра́зве фи́льмы в Коре́е не перево́дят??? У нас в Росси́и всегда́ все фи́льмы то́лько на ру́сском языке́.

Ёнчхоль: Ааа, у нас обы́чно к иностра́нным фи́льмам са́бы коре́йские де́лают. И мы смо́трим в оригина́ле.

Гена: О, су́пер! Тогда́ погна́ли на Тора.

한국어

영철: 게나, 주말에 계획 있어?

게나: 없는데, 왜?

영철: 영화 보러 안 갈래?

게나: 뭔 영화? 나 한국어 잘 모르잖아.

영철: 떨지마, 너 영어는 잘 하잖아?

게나: 그래 뭐, 알지.

영철: 옳거니! 그럼 우리 '토르' 영화 보러 가자. 미국 영화잖아.

게나: 한국에서는 영화를 더빙 안 해?? 러시아에서는 모든 영화는 항상 러시아어로 나와.

영철: 아, 한국에서는 보통 외국 영화에 한국어 자막을 달아. 그리고 우리는 원본을 보는 거지.

게나: 오, 최고다! 그럼 '토르' 보러 가자.

Молодёжный сленг и нормативные соответствия

кинóшка = кино

не пáрься = не переживай

сáбы = субтитры

сýпер - отлично от англ. super

погнáли = пойдём, пошли

ИНТЕРЕСНО

Субтитры или дубляж?

В Корее фильмы на иностранных языках обычно идут с субтитрами - зрители читают текст снизу и слушают оригинал.

А вот в России всё наоборот: почти всегда - дубляж. Актёры говорят по-русски, и зритель просто наслаждается сюжетом.

Почему так?

Потому что так удобнее: ничего не отвлекает от картинки, не надо напрягать глаза или мозг.

Интересно, что в России дубляж - это целая индустрия!

Есть свои звёзды озвучки, фанаты голосов, и даже шутки типа:

≪Я не знаю, как он звучит в оригинале, но в дубляже у него классный голос!≫

Вывод:

Носители русского языка любят смотреть кино, а не читать - и поэтому выбирают дубляж. А вот читать только книги. Недаром говорят, что россияне - одна из самых читающих наций.

Обратите внимание:

В выходные или на выходных?

И так, и так говорят - но есть нюансы. В выходные - это литературная, нейтральная форма. Подходит для устной и письменной речи.

Я поеду к бабушке в выходные.

На выходных - разговорный вариант. Его чаще можно услышать в повседневной речи, особенно у молодёжи.

Чё делал на выходных?

Оба варианта правильны, просто выбирайте стиль в соответствии с ситуацией. На экзамене - лучше в выходные, а с друзьями - на выходных. Всё по контексту!

Лексико-грамматический комментарий к диалогу

1. Лексико-грамматические явления:

- 구어체 줄임말과 슬랭 (выхи, киношка, не парься, сабы)
- 명령과 청유의 표현 (пошли сходим, погнали)
- 의문문 (У тебя есть ... ?, А на что?)

2. Подробные пояснения:

- 구어체 줄임말과 슬랭들:

  выхи [주말 (축약형)] - выходные [주말 (중립체)], киношка [영화관 (지소형)] - кинотеатр [영화관 (중립체)], не парься [걱정마] - не беспокойся [걱정마 (중립체)], сабы [자막 (축약형)] - субтитры [자막 (중립체)]

- 명령과 청유의 표현들:

  пошли сходим [갔다올까?], погнали [가자!]

- 의문문들:

  У тебя есть ...? [너한테 ...있어?] - 소유 또는 존재 여부를 묻는 질문입니다.

☞ 구조: у + 대명사 여격 + есть + 명사, 예시: У тебя есть планы на выхи [너

주말에 계획 있어?]

А на что? [뭐에 대해서?, 뭘?] - 앞 문맥의 내용을 이어받아 되묻는 반문의 형태입니다.

☞ 예시: Мне нужно 500 рублей. [나 500 루블 필요해.] - А на что? [뭐 하려고?]

3. Мини-упражнения для закрепления

☑ Упражнение 1. Ответьте на вопросы по содержанию диалога.

1. Что значит ≪не парься≫?
2. Какой фразой заменено слово ≪выходные≫ в диалоге?
3. Объясните значение слова ≪сабы≫.
4. Почему слово ≪киношка≫ выглядит иначе, чем ≪кино≫?
5. Какие слова в тексте указывают на эмоциональную окраску речи?

☑ Упражнение 2. Ответьте на вопросы по содержанию диалога.

1. Что значит ≪планы на выхи≫?
2. В чём разница между ≪пойдём в кино≫ и ≪пошли в киношку сходим≫?
3. Какие частицы используются в диалоге для усиления или уточнения?
4. Почему в предложении ≪Мы смотрим в оригинале≫ используется настоящее время?
5. Что значит ≪Тогда погнали на Тора≫?

☑ Упражнение 3. Поставьте глаголы в скобках в правильную форму.

1. Гена, у тебя _____ (есть) планы на выходные?

2. Давай _____ (сходить) в кино.

3. Не _____ (переживать), ты же хорошо знаешь английский.

4. В Корее все фильмы ____ (переводить) на корейский язык.

5. Давай _____ (посмотреть) этот фильм в оригинале.

19 Пикник
소풍

러시아어

Минсу: Хай! Мы с друзья́ми собрали́сь в э́ти вы́хи пое́хать на о́зеро. Так сказа́ть, почи́лить. Бу́дут все свои́. Хо́чешь с на́ми оттяну́ться по по́лной програ́мме?

Маша: Да, я с удово́льствием! Когда́ и куда́ е́дем?

Минсу: В суббо́ту. Мы ка́ждый на свое́й маши́не, я зае́ду за тобо́й. Дава́й так, я подъе́ду к твоему́ до́му к 6 утра́, будь гото́ва. Возьми́ то́лько са́мое необходи́мое. Обяза́тельно солнцезащи́тный крем и покрыва́ло, купа́льник не забу́дь.

Маша: Чё так ра́но???

Минсу: Пого́да хоро́шая, все пое́дут отдыха́ть, скоре́е всего́ бу́дут про́бки на доро́ге, лу́чше ра́ньше вы́ехать.

Маша: Ну да, жи́за.

Минсу: Так же мы все ски́дываемся, что́бы накры́ть там поля́ну.

Маша: Ок. Ско́лько с челове́ка?

Минсу: Пото́м разберёмся.

Маша: Хорошо́, договори́лись.

한국어

민수: 하이! 이번 주말에 친구들과 같이 호수에 가려고 하거든. 말하자면 제대로 칠링한다 이거지. 가장 친한 친구들만 갈거야. 우리랑 같이 가서 제대로 놀아볼래?

마샤: 응. 나야 좋지! 언제 어디로 가는 건데?

민수: 토요일에. 각자 차를 타고 갈 거고, 내가 너 데리러 갈게. 이렇게 하자. 내가 아침 6시에 맞춰서 네 집으로 갈게, 그때까지 준비해. 꼭 필요한 것들만 챙겨. 선크림이랑 돗자리는 필수야, 수영복도 잊지 마.

마샤: 뭐가 그렇게 일러??

민수: 날씨가 좋아서 많은 사람들이 휴가를 갈 거니까 길이 막힐 거야, 그래서 일찍 출발하는 게 나아.

마샤: 그래, 인정…

민수: 그리고 우리 모두 돈을 나눠서 먹을 음식을 살 거야.

마샤: 오케이, 얼마씩 내는데?

민수: 나중에 계산할 거야.

마샤: 알았어. 약속한 거야.

Молодёжный сленг и нормативные соответствия

вы́хи = выходные дни

почи́лить = отдохнуть от англ. chill

все свои́ = близкие друзья, знакомые

оттяну́ться = развлечься, отдохнуть

жи́за = жизненная ситуация

ски́дываться = собирать деньги, создавать общий бюджет

накры́ть поля́ну = накрыть стол с выпивкой и закуской

ИНТЕРЕСНО

- Шашлыки на природе - это по-российски.
  Одна из самых любимых традиций у россиян - жарить шашлыки на свежем воздухе. Это не просто еда, это почти ритуал: собрались с друзьями, выехали за город, развели угли... и пошло дело!
- Шашлык - это мясо (чаще всего свинина или баранина), замаринованное по всем правилам и нанизанное на шампуры вместе с крупно нарезанными овощами:
  луком, болгарским перцем, помидорами. Всё это жарится на настоящих древесных углях, а не в духовке. Такой аромат в домашних условиях не повторишь!
- Эта традиция пришла из кавказской кухни, но россияне приняли её всем сердцем.
- Первый тёплый день весной? - Пора ехать на шашлыки!
- Единственное ограничение - сезон лесных пожаров и размер мангала: сколько поместится, столько и едят.

Лексико-грамматический комментарий к диалогу

1. Лексико-грамматические явления:

- 구어체 표현과 슬랭들 (почилить, оттянуться по полной программе, чё, жиза, скидываться, накрыть поляну)
- 명령과 청유의 표현들 (возьми, будь, не забудь, почилить, оттянуться, погнали)
- 대명사 그리고 전치사와 결합한 격 형태들 (мы, с друзьями, все свои, с нами, за тобой, твоему дому, с человека)

2. Подробные пояснения сленга:

- 구어체 표현과 슬랭들:

  почилить [릴렉스하다] - отдохнуть [휴식하다], оттянуться по полной (программе) [끝장나게 놀다 (직역: 풀가동해서 놀다)] - хорошо провести время [시간을 잘 보내다], чё? [뭐? (что의 축약형)] - что? [네?], жиза [완전 공감 (жизнь에서 변형)] - это жизнь [그게 인생이지], скидываться [N빵하다, (돈을) 걷다 (구어체)] - делить расходы [비용을 나누다 (중립체)], накрыть поляну [한 턱 쏘다] - устроить угощение [대접을 마련하다]

- 명령과 청유의 표현들:

  возьми [가져가], будь [~해라, ~인 상태가 되어라], не забудь [잊지 마], давай почилим [릴렉스하자, 느긋하게 쉬자 (영어 chill에서 유래, 구어체)], давай оттянемся [신나게 놀아보자 (구어체)], погнали [가자]

- 대명사 그리고 전치사와 결합한 격 형태들:

  мы [우리는 (주격)], с друзьями [친구들과 함께 (с + 조격)], все свои [전부

자기(아는) 사람들 (대명사 주격 + 소유대명사 복수형)], с нами [우리와 함께 (с + 조격)], за тобой [너의 뒤에, 너를 따라서 (за + 조격)], к твоему дому [너의 집으로 (к + 여격)], с человека [한 사람당 (с + 생격)]

3. Мини-упражнения для закрепления материала:

☑ **Упражнение 1. Вставьте подходящую глагольную форму.**

1. Мы _____ (поехать) на озеро в субботу.
2. Я _____ (подъехать) к твоему дому к 6 утра.
3. Ты _____ (взять) только самое необходимое?
4. Все _____ (скидываться), чтобы накрыть поляну.
5. Потом мы _____ (разобраться), сколько с человека.

☑ **Упражнение 2. Замените разговорные выражения нейтральными словами.**

1. почилить → _____.
2. оттянуться по полной программе → _____.
3. жиза → _____.
4. скидываться → _____.
5. накрыть поляну → _____.

☑ **Упражнение 3. Поставьте глаголы в скобках в правильную форму.**

1. В эти выходные мы _____ (поехать) на озеро.
2. Куда вы _____ (собраться) ехать?
3. Ты сможешь за мной _____ (заехать)?
4. Ты _____ (быть готовым) к 6 утра?
5. Не забудь _____ (взять) только самое необходимое.

20 Экзамены
시험

러시아어

Наташа: Приве́тик!
Ынджу: Приве́т!
Наташа: А ты что не на па́ре?
Ынджу: У меня́ окно́ сейча́с, вот гото́влюсь к зачёту по ру́сскому.
Наташа: Зубри́шь и́ли шпо́ры пи́шешь? Беспа́левно смо́жешь списа́ть?
Ынджу: Шпарга́лку де́лаю! Пока́ пишу́, бо́льше запо́мню.
Наташа: Ты ещё поди́ 5 рубле́й под пя́тку положи́ла!
Ынджу: Не, это всё глу́пости, но в окно́ ≪халя́ва, приди́≫ мы с одногру́ппниками крича́ли.
Наташа: Поня́тно! А пре́под у вас кто?
Ынджу: Да ты не зна́ешь. Но он мужи́к с ю́мором, наве́рное, не́удов не бу́дет. Но из при́нципа мо́жет и завали́ть. А у тебя́ как се́ссия прохо́дит?
Наташа: Вчера́ получи́ла по ОБЖ удовлетвори́тельно*, а по англи́йскому зачёт. Но, к сожале́нию, забы́ла принести́ зачётку, поэ́тому пре́подов ну́жно бу́дет иска́ть, что́бы проста́вили мне, что я сдала́.
Ынджу: Да, пробле́ма.
Наташа: Ну, дава́й! Ни пу́ха, ни пера́!
Ынджу: К чёрту! Пока́!

* В университете за экзамен ставят: неудовлетворительно - неуд. (F), удовлетворительно - уд. (C), хорошо - хор. (B), отлично - отл. (A), за зачёт: зачёт или незачёт.

한국어

나타샤: 안녕!

은주: 안녕!

나타샤: 왜 수업에 안 들어갔어?

은주: 지금 공강이야. 러시아어 쪽지시험 준비하고 있어.

나타샤: 암기하는 거야 아니면 컨닝페이퍼 쓰는 거야? (교수님) 눈치채지 못하게 컨닝할 수 있어?

은주: 컨닝페이퍼를 쓰고 있어! 쓰면서 하면 더 잘 외워져.

나타샤: 발뒤꿈치 밑에 5루블 넣은 것 같네.

은주: 아니, 그건 말도 안 되는 거지. 근데, 반 애들이랑 창문에 대고 ≪할랴바야, 이리로 와 (어디 꽁밥 없나?)≫ 라고 소리치긴 했었지.

나타샤: 아하! 너네 교수님은 누구야?

은주: 음, 넌 모를 걸. 유머러스한 남잔데, F는 안 줄 것 같은 사람이야. 그래도 기준이 있으니 통과 못 할 수도 있어. 넌 시험 어떻게 되어가고 있어?

나타샤: 어제 생활안전 과목에서 3점(C) 받았어. 그렇지만 영어는 통과했어. 근데 안타깝게도 학생성적표를 안 갖고 온 거야. 그래서 교수님들을 찾아다녀야 해, 그래야 교수님들이 내가 시험을 쳤다고 학생성적표에 적어주지.

은주: 응, 문제겠네.

나타샤: 음, 잘 가! 파이팅! 시험 잘 쳐!

은주: 재수 없으라지! 간다!

Молодёжный сленг и нормативные соответствия

зубри́ть = учить наизусть

шпо́ра = шпаргалка

беспа́левно = незаметно

халя́ва приди́ - суеверие студентов, чтобы сдать экзамен на отлично. Накануне в полночь нужно подойти к открытому окну с зачёткой, раскрыть её на нужном месте, сдуть по ветру несуществующую пыль и трижды крикнуть: ≪халява, приди!≫.

пре́под = преподаватель

не́уд = неудовлетворительная оценка

завали́ть (экзамен) = не сдать экзамен

зачётка = зачётная книжка, документ, в котором ставят оценки за предметы

ИНТЕРЕСНО

≪Ни пуха, ни пера!≫ - желаем удачи... наоборот.

Это одно из самых популярных пожеланий в русском языке, особенно когда человек идёт на экзамен, собеседование, сцену или любое важное дело.

Откуда взялось?

Фраза пришла из охотничьих суеверий.

≪Пух≫ и ≪перо≫ - это добыча. Но желать удачи напрямую считалось плохой приметой, мол, сглазишь. Поэтому говорили наоборот - ≪Ни пуха, ни пера!≫, как бы обманывая судьбу и злые силы.

Почему отвечают ≪К чёрту!≫?

Потому что в народных верованиях чёрт - это как анти-сглаз, способ сбросить с себя возможную неудачу.

Если Вам говорят: Ни пуха, ни пера!

Вы должны ответить: К чёрту!

Сегодня это выражение живёт своей жизнью. Его используют:

- перед ЕГЭ
- перед конкурсами
- перед съёмками
- даже просто перед первым свиданием

Лексико-грамматический комментарий к диалогу

1. Лексико-грамматические явления:

- 구어체 표현과 슬랭들 (А ты что не на паре?, Ты ещё поди …, это всё глупости, Ни пуха, ни пера! - К чёрту!, шпоры, беспалевно, неуд, удов, зачётка, препод)
- 러시아 시험에서의 점수 표기 (отлично, хорошо, удовлетворительно, неудовлетворительно)

2. Подробные пояснения сленга:

- 구어체 표현과 슬랭들:

  А ты что не на паре? [너 왜 수업에 안 들어갔어?] - пара는 러시아의 대학교에서 진행하는 90분짜리 수업을 칭하는 속어입니다 (занятие로 대체 가능)

  Ты ещё поди ...? [너 혹시 또 ...했니?] - 구어체에서 주로 사용하는 표현이며, 추측이나 짐작을 할 때 사용하는 표현입니다.

☞ 예시: Ты ещё поди и опоздал на экзамен? [너 혹시 또 시험에 늦은 거 아니지?]

  это всё глупости [이건 다 헛소리야, 이건 말도 안되는 소리야] - 구어체에서 주로 사용되는 표현이며, 상대의 말이나 걱정을 가볍게 무시하거나, 말인 안 되거나 믿을 수 없을 때 사용합니다.

☞ 예시: Ты думаешь он тебя не любит? Это все глупости, не накручивай себя. [그가 너를 사랑하지 않는다고 생각해? 말도 안돼, 오버하지마.]

  Ни пуха, ни пера! - К чёрту! [시험 잘 쳐! (솜털도 깃털도 없이) - 악마에게로! (재수 없으라지!)] - 시험을 치르는 대상에게 행운을 비는 의미에서 ≪Ни пуха, ни пера!≫를 외칩니다. 이 말을 들은 대상은 무조건 ≪К чёрту!≫라고 대답을 해야합니다.

  шпоры [컨닝페이퍼 (축약형)] - шпаргалки [컨닝페이퍼 (원형)], беспалевно [들키지 않게 (슬랭)] - незаметно [눈에 띄지 않게 (중립체)], зачётка [성적 기록부 (지소형)] - зачётная книжка [성적 기록부 (원형)], препод [교수님 (슬랭)] - преподаватель [교수님 (중립체)]

- 러시아 시험에서의 점수 표기:

  러시아에서의 시험 성적은 네 단계로 구분됩니다.

  отлично [아주 잘함] - пятёрка [아주 잘함 (구어체)], хорошо [잘함] - четвёрка [잘함 (구어체)], удовлетворительно [보통] - тройка, удовлетворительно [보통 (구어체)], неудовлетворительно [미달] - двойка, неудовлетворительно [미달 (구어체)]

3. Мини-упражнения для закрепления материала:

☑ Упражнение 1. Выберите правильный вариант ответа.

1. Если студент не сдал экзамен, он получает:

   а) зачёт

   б) отл.

   в) неуд.

2. Что студенты обычно делают в окно перед экзаменом?

   а) машут рукой

   б) кричат ≪Халява, приди!≫

   в) выбрасывают учебник

3. Что такое ≪шпоры≫?

   а) оценка

   б) преподаватели

   в) шпаргалки

4. Как по-русски пожелать удачи перед экзаменом?

   а) ≪Удачи!≫

   б) ≪Ни пуха, ни пера!≫

   в) ≪Счастливо!≫

5. Как называется документ, в который ставят оценки за экзамены и зачёты?

   а) учебник

   б) зачётка

   в) справка

☑ **Упражнение 2. Закончите предложения.**

1. Перед экзаменом студенты часто кричат в окно: ≪_____≫.
2. Если студент получает хорошую оценку, ему ставят _____.
3. Для того чтобы списывать, некоторые студенты пишут _____.
4. После экзамена все ждут, что преподаватель _____ хорошую оценку.
5. Когда желают удачи и говорят ≪Ни пуха, ни пера!≫, надо ответить ≪_____≫.

☑ **Упражнение 3. Поставьте глаголы из диалога в нужную форму.**

1. Сейчас я _____ (писать) шпаргалку.
2. Мы часто ____(кричать) ≪Халява, приди!≫
3. Он никогда не _____ (забывать) зачётку дома.
4. Вчера Наташа _____ (получить) зачёт.
5. Завтра я _____ (искать) преподавателя.

R
U
S
S
I
A
N

V.

ПОКУПКИ

쇼핑

21 Круглосуточный магазин
24시간 편의점

러시아어

Эрик: Минсу, скóлько врéмени?

Минсу: 23:47. А что?

Эрик: Ох, что-то я проголодáлся. Нáдо бы червячкá заморúть.

Минсу: Так го в магáз!

Эрик: Ты врéмя вúдел? Ужé пóздно же! У нас магазúны не рабóтают по ночáм.

Минсу: А круглосýточных нет?

Эрик: У нас óчень мáло такúх. В нáшем райóне тóчно нет.

Минсу: Мóжет бэпэ́шку заварúть? Я вúдел у тебя́ пáру штук.

Эрик: Тóчно! Ты головá! Постáвь покá вóду. Сейчáс достáну их.

Минсу: В холодúльнике ещё огурцы́ с помидóрами бы́ли и мáзик.

Эрик: Да, давáй нарéжем óвощи для салáта.

Минсу: Вот и перекýсим.

한국어

에릭: 민수, 몇 시야?

민수: 23시 47분. 근데 왜?

에릭: 아, 배가 좀 출출해져서. 가볍게 때워야겠어.

민수: 그럼, 마트 가자!

에릭: 너 시간은 봤어? 이미 늦었어. 여기는 밤에 마트 영업을 안 해.

민수: 그럼, 24시간 편의점은 없어?

에릭: 여기에는 편의점이 거의 없어. 우리 동네에는 아예 없어.

민수: 그럼, 컵라면 끓여 먹을까?? 너한테 몇 개 있는 거 봤어.

에릭: 맞다! 천잰데! 물 좀 끓여줘. 지금 컵라면 가져다줄게.

민수: 그리고 냉장고에 오이랑 토마토가 있고, 마요네즈도 있었다.

에릭: 맞아, 샐러드 만들게 채소도 좀 썰자.

민수: 자, 이제 슬슬 먹어볼까?

Молодёжный сленг и нормативные соответствия

замори́ть червячка́ = перекусить

мага́з = магазин

бэпэ́шка = лапша быстрого приготовления

ты голова́ = ты умный (-ая), молодец

ма́зик = майонез

ИНТЕРЕСНО

- Корейский рамён в России уверенно набирает популярность.

Корейский рамён в России знают и уважают, потому что россияне хорошо знакомы с местной лапшой быстрого приготовления. А вот многие молодые россияне реально подсели на корейский рамён: это быстро, сытно и приятно остро.

Но не все готовы к такому всплеску эмоций во рту, поэтому зачастую в России появляются аналоги оригиналов, то есть адаптированные под местные вкусовые предпочтения версии рамёнов. В любом случае главное - иметь под рукой стакан воды, чтобы затушить пожар во рту.

- Помидор - овощ или фрукт?

В Корее мини-помидоры - это прям фрукты-фрукты: сладкие, целиком на тарелке, как десерт. А вот в России классические (большие) помидоры - это серьёзный представитель овощей.

В России из помидоров делают классический овощной салат: помидоры, огурцы, репчатый лук, зелень, соль, чёрный перец, подсолнечное или оливковое масло. Просто, но вкусно!

Спросите в России: А помидор - это фрукт? - и получите удивлённый взгляд и уверенное: Конечно, овощ!

Так что у помидора - двойная жизнь: в одной стране он фрукт, а в другой - главный компонент летнего салата и полноценный овощ.

Справедливости ради стоит отметить, что в Корее в некоторых салатах европейских ресторанов также можно встретить как мини-помидоры, так и обычные.

Лексико-грамматический комментарий к диалогу

1. Лексико-грамматические явления:

- 구어체 줄임말들 (го, магаз, бэпэшка (БП), мазик)
- 명령과 청유의 표현들 (поставь, достань, нарежем)
- 관용 구문 (червячка заморить)
- 의문문 (а что?)

2. Подробные пояснения:

- 구어체 줄임말들:

  Go! [고!] - пойдём [가자], магаз [마트 (축약형)] - магазин [마트], бэпэшка (БП - быстрое приготовление) [인스턴트 라면 (지소형)] - быстрое питание [패스트푸드], мазик [마요네즈 (축약형)] - майонез [마요네즈]

- 명령과 청유의 표현들:

  поставь [놓아줘, 놔둬줘], достань [꺼내줘], (давай) нарежем [썰자, 자르자]

- 관용 구문 - червячка заморить:

  червячка заморить [직역: 벌레 하나를 굶겨 죽이다] -> [간단하게 요기하다]

☞ ≪Пошли в буфет - червячка заморим≫ [매점에 가자, 간단하게 뭐 좀 먹자구.]

- 의문문 - а что?

  а что? [왜?, 그래서 뭐?, 뭐 어때서?, 그래?] - 뉘앙스에 따라 다양한 의미로 사용됩니다.

-> 1. 상대방에게 동기를 묻기 위해 2. 정당화 또는 반박시에, 3. 상대방의 말에 관심을 표현할 때

☞ 중립체로는 почему?로 대체가 가능합니다.

3. Мини-упражнения для закрепления материала:

☑ **Упражнение 1. Употребите разговорные сокращения вместо нейтральных слов.**

1. Пойдём в магазин. →
2. У тебя есть лапша быстрого приготовления? →
3. Ну ты молодец! →
4. У нас есть майонез? →
5. Давай перекусим. →

☑ **Упражнение 2. Ответьте на вопросы по содержанию диалога.**

1. Почему Минсу предлагает сходить в магазин?
2. Почему Эрик сначала отказывается?
3. Что Минсу предложил приготовить?
4. Что значит выражение ≪заморить червячка≫?
5. Какие продукты использовали ребята для того, чтобы перекусить?

☑ **Упражнение 3. Поставьте глаголы в скобках в правильную форму.**

1. Уже поздно, я _____ (проголодаться).
2. Надо _____ (сходить) в магазин.
3. Обычные магазины не _____ (работать) по ночам.
4. Давай ____ (заварить) лапшу.
5. _____ (достать), пожалуйста, помидоры и огурцы.

22 Примерка одежды
옷 피팅

러시아어

Мина: Да́ша, ты за́втра днём свобо́дна?

Даша: Да, часо́в до 6 есть вре́мя. А что?

Мина: Я хочу́ обнови́ть свой гардеро́б. Пошли́ со мной по магази́нам. Ты же то́же лю́бишь шо́пинг.

Даша: Отли́чно! Я как раз то́же хоте́ла себе́ но́вых шмо́ток прикупи́ть.

Мина: Тогда́ встре́тимся за́втра в час у Адика. Мне ещё кро́ссы на́до прикупи́ть.

Мина: Ой, посмотри́ на это бе́лое пла́тье. Оно́ ведь мне идёт?

Даша: Ду́маю, да. Приме́рь.

Мина: Я его́ беру́!

Даша: Ты да́же ме́рить его́ не бу́дешь??? Вдруг разме́р не тот?!

Мина: А что, тут мо́жно приме́рить его́? Я ду́мала, здесь тоже всё фриса́йз.

Даша: Нет, э́то тебе́ не Коре́я. Возьми́ его́ и иди́ в приме́рочную.

Мина: Хорошо́. (После примерки) Ну что, зацени́!

Даша: О, тебе́ идёт!

Мина: Беру́!

한국어

민아: 다샤, 내일 낮에 시간 있어?

다샤: 응, 저녁 6시까지 시간 있는데. 왜?

민아: 옷장을 좀 채우고 싶거든. 나랑 같이 옷 좀 둘러보러 가자. 너도 쇼핑하는 거 좋아하잖아?

다샤: 좋아! 마침 나도 새 옷을 사고 싶었거든.

민아: 그럼, 내일 아디다스 매장에서 1시에 보자. 나 운동화도 사야 하거든.

민아: 오, 저 흰색 원피스 봐 봐. 저게 정말 나에게 어울릴까?

다샤: 그럴 것 같은데. 한번 입어봐.

민아: 나 얘로 할래!

다샤: 넌 심지어 입어보지도 않으려고?? 사이즈가 안 맞으면 어떡하게?!

민아: 응 그럼, 여기서 옷 입어봐도 돼? 여기 있는 옷들 다 프리사이즈 같은데.

다샤: 아니, 여기 한국 아니거든. 원피스 갖고 탈의실에 가.

민아: 알았어. (원피스 입은 후에) 봐 봐, 어때!

다샤: 오, 너한테 잘 어울리는데!

민아: 이거 살게!

Молодёжный сленг и нормативные соответствия

обнови́ть гардеро́б = купить новую одежду

шмо́тки = одежда

прикупи́ть = купить

А́дик = Адидас

кро́ссы = кроссовки

фриса́йз = универсальный размер от англ. free-size

зацени́ть = высказать мнение

тебе́ идёт = хорошо смотрится на тебе

ИНТЕРЕСНО

- Обратите внимание:

  одеть или надеть? В чём разница?

  Носители языка сами часто путаются, но правило реально простое.

- надеть - когда надеваете что-то на себя:

  надеть футболку, шапку, очки, кроссовки...

  Приставка ≪на≫ = на тело, на голову, на руки.

  Я надел старые джинсы, но почувствовал, что они мне малы.

- одеть - когда Вы не себя, а кого-то другого:

  одеть ребёнка, одеть куклу, одеть собаку в костюм Супермена.

  Каждое утро мама одевала дочку, чтобы папа мог отвезти её в детский сад.

- покупать / купить - не такая уж простая пара:

  большинство глаголов несовершенного и совершенного вида в русском языке образуются с помощью приставок: читать - прочитать, писать - написать.

Но! покупать - это исключение. Его видовой парой является форма купить.

Пример:

Каждый день я покупаю (불완료) энергетик в магазине - процесс, привычка.

Сегодня не успел купить (완료) кофе, потому что опаздывал на автобус - результат, факт.

Лексико-грамматический комментарий к диалогу

1. Лексико-грамматические явления:

- 구어체 줄임말과 슬랭들 (шмотки, кроссы, прикупить, фрисайз)
- 명령형, 청유 표현들 (встретимся, примеряйся, зацени)
- 관용구문 ≪я хочу + 동사원형≫ я хочу обновить гардероб
- 강조 표현들 (как раз, тоже, ведь, ну что)

2. Подробные пояснения:

- 구어체 줄임말과 슬랭들:

  шмотки [옷(들) (슬랭)] - одежда [옷 (중립체)], кроссы [운동화, 스니커즈 (축약형)] - кроссовки [운동화, 스니커즈 (중립체)], прикупить [사다 (구어체에서 사용, 주로 작거나 부수적인 물건)] - купить [사다 (прикупить 의미 동일)], фрисайз [프리사이즈 (슬랭, 영어 free-size에서 유래)] - универсальный размер [공용 사이즈 (중립체)]

• 명령형, 청유 표현들:

(давай) встретимся [만나자], примеряй [입어봐], зацени [한 번 봐봐! (구어체)] - посмотри [봐봐(중립체)]

• 관용구문 - ≪я хочу + 동사원형≫:

я хочу + 동사원형(동사 원형) [나는 ~하고 싶다] - 화자의 의지, 희망, 욕구를 표현하는 기본적인 구문입니다.

☞ Я хочу посмотреть этот фильм. [나 이 영화 보고 싶어.]와 같은 형식으로 사용됩니다.

• 강조 표현들:

как раз [바로 그때], тоже [~도 역시], ведь [~잖아], ну что [자, 그러면]

3. Мини-упражнения для закрепления материала:

☑ **Упражнение 1. Подчеркните возвратные глаголы и определите, в каком лице и числе они стоят.**

1. Мы встречаемся у входа в Адик.
2. Она красится перед зеркалом.
3. Ты собираешься что-то прикупить?
4. Они одеваются слишком ярко.
5. Я умываюсь и иду в магазин.

☑ **Упражнение 2. Замените выделенные слова на сленговую лексику из урока.**

1. Я хотела бы купить новую одежду.
2. Давайте встретимся у магазина Adidas.
3. Эти кроссовки вам очень идут.

4. Тебе нравится моё новое платье?

5. Эта одежда идёт с большими скидками.

☑ **Упражнение 3. Поставьте глаголы в скобках в правильную форму.**

1. На следующей неделе я получу зарплату и _____ (обновить) свой гардероб.
2. Вчера весь день мы _____ (ходить) по магазинам.
3. Давай _____ (встретиться) завтра в час.
4. На прошлой неделе на распродаже купила белое платье, а оно мне не ____ (идти).
5. Сходи сегодня в торговый центр и купи новое платье, но не забудь _____ (померять).

23 Покупка постельного белья
침구 구입하기

러시아어

Минсок: Приве́т! Спаси́бо, что встре́тила меня́!

Диана: Приве́т! Да без пробле́м! Отдохну́л немно́го с самолёта?

Минсок: Да, в обща́ге мне вы́дали матра́с, одея́ло и поду́шку*. Уже́ вздремну́л немно́го.

Диана: Ох ты ж блин! Тебе́ нужны́ ещё простыня́, на́волочка и пододея́льник!

Минсок: Заче́м?

Диана: Что́бы спать!

Минсок: Ну в Коре́е мы спим на то́нком матра́се, а укрыва́емся про́сто одея́лом.

Диана: А когда́ и как ты стираешь посте́льные принадле́жности?

Минсок: Про́сто кладём всё в стира́лку.

Диана: Но ведь э́то занима́ет ку́чу вре́мени, что́бы вы́сушить всё!

Минсок: Да нет.

Диана: В Росси́и мы по́льзуемся, на́волочками, что́бы сохрани́ть чистоту́ поду́шки. Пододея́льником и простынёй, что́бы про́ще бы́ло сохрани́ть чистоту́ одея́ла, матра́са и для упроще́ния сти́рки. Хм… ну, так как э́того у нас нет, тебе придётся пока́ ю́зать то, что да́ли.

* В каких-то общежитиях выдают постельные принадлежности, в каких-то надо самим покупать комплект постельного белья.

한국어

민석: 안녕! 만나줘서 고마워!

디아나: 안녕! 별 거 아닌데 뭐! 비행기 타고나서 피로는 좀 풀었어?

민석: 응. 기숙사에서 매트리스, 이불이랑 베개를 줬어. 이미 눈도 좀 붙였어.

디아나: 이런! 그럼, 침대 시트, 베개 커버, 이불 커버가 필요하지?

민석: 왜?

디아나: 잠 자야 하니까!

민석: 한국에서는 얇은 매트리스를 깔고 간단하게 이불을 덮고 자는데.

디아나: 침구는 그럼 어떻게 빨아?

민석: 그냥 세탁기에 다 넣는데?

디아나: 그거 다 말리는 데 시간 엄청 오래 걸리잖아!

민석: 별로 (그렇게 오래 걸리진 않는데).

디아나: 러시아에서는 베개가 안 더러워지게 베개 커버를 사용해. 그리고 이불과 매트리스가 안 더러워지도록 이불 커버와 침대 시트도 사용해. 빨기도 쉽고. 흠… 그런 건 없으니까, 일단은 받았던 걸 써야겠네.

Молодёжный сленг и нормативные соответствия

без проблéм = без затруднений от англ. no problem

общáга = общежи́тие

блин = возглас выражения отрицательных эмоций, досады

кýча врéмени = много времени

да нет = скорее нет, чем да

ю́зать = использовать от англ. use

стира́лка = стиральная машина

ИНТЕРЕСНО

- Новое постельное бельё - новый уровень заботы.
  В России, если Вы остаётесь у кого-то с ночёвкой, Вам могут выдать либо абсолютно новый комплект постельного белья, либо постиранное душистое и выглаженное. Да-да, не просто свежевыстиранный, а реально новый, с этикеткой и прямо в упаковке.
  Почему?
- Во-первых, это просто приятно - быть первым, кто в нём спит.
- Во-вторых, хозяевам меньше заморочек: не надо гладить, стирать и нервничать.
- Ну и в целом: русские любят, чтобы постель была чистой, вкусно пахла и была выглажена.
  Так что, если Вам достался новенький комплект - это не отель, это просто русское гостеприимство, широта русской души. Ну а если Вы получили чистое бельё - Вам также повезло, как и в первом случае. Выстиранное ничем не хуже, чем новое.
- Обратите внимание:
  В России при покупке набора постельного белья обязательным являются наволочка, пододеяльник, простыня. В Корее обязательным

считают только наволочку для подушки. Одеяло принято стирать целиком.

Лексико-грамматический комментарий к диалогу

1. Лексико-грамматические явления:

- 침구에 관한 단어들 (постельные принадлежности, матрас, одеяло, подушка, простыня, наволочка, пододеяльник)
- 의문사들 (зачем?, как?, когда?)
- 목적을 나타내는 종속절 - чтобы + 동사원형 (чтобы спать, чтобы сохранить чистоту)

2. Подробные пояснения:

- 침구에 관한 단어들:

  постельные принадлежности [침구류], матрас [매트리스], одеяло [이불], подушка [배개], простыня [시트, 침대보], наволочка [배개 커버], пододеяльник [이불 커버]

- 의문사들:

  зачем? [왜?, 무엇 때문에?] - '왜?' 중에서도 목적을 알고자 할 때 쓰는 의문사입니다.

☞ 예시: Зачем ты пришёл? [뭐하러 왔어?]

  как? [어떻게?] - 방법 혹은 정도를 알고자 할 때 쓰는 의문사입니다.

☞ 예시: Как ты это сделал? [그걸 어떻게 했어?], Как ты себя чувствуешь?

[기분 어떤 거 같아?]

когда? [언제?] - 시간이나 시점을 알고자 할 때 쓰는 의문사입니다.

☞ 예시: Когда ты приедешь? [너 언제 도착해?]

• 목적을 나타내는 종속절:

чтобы + 동사원형 [~하기 위해서] - 목적이나 의도를 표현하고자 할 때 쓰는 구문입니다.

☞ 예시: Я купил новый матрас, чтобы удобно спать. [편하게 자기 위해 새 매트리스를 샀어.]

3. Мини-упражнения для закрепления материала:

☑ Упражнение 1. Следуйте инструкциям.

1. Составьте предложение с глаголом в повелительном наклонении (например: возьми).
2. Задайте вопрос с вопросительным словом ≪зачем≫.
3. Скажите, какие предметы постельного белья Вы используете дома.
4. Ответьте на вопрос: зачем мы пользуемся пододеяльником?
5. Составьте предложение с союзом ≪чтобы≫ (например: чтобы сохранить чистоту).

☑ Упражнение 2. Следуйте инструкциям.

1. Придумайте три вопроса с вопросительным словом ≪когда≫.
2. Составьте два предложения с придаточными цели (например: чтобы выспаться).
3. Назовите три предмета, связанные с постелью или сном.
4. Переведите на русский: '이불 가져가' (используйте повелительное наклонение).

5. Объясните, почему в России используют пододеяльники, а в Корее - нет.

☑ **Упражнение 3. Поставьте глаголы в скобках в правильную форму.**

1. Не переживай, завтра утром я тебя _____ (встретить) на вокзале.
2. После работы он _____ (отдыхать) три часа.
3. Мне _____ (нужен) чистая наволочка.
4. К сожалению, завтра в это время я ____ (спать).
5. _____ (положить) грязное бельё в стиральную машину.

24 Покупка смартфона
스마트폰 구매하기

러시아어

Юля: Ле́на, приве́т! Ты сего́дня не занята́? Мой телефо́н сдох из-за того́, что в него́ попа́ла вода́. На́до бы но́вый купи́ть, непосове́туешь чё-нить?

Лена: Сдох?

Юля: Да, ему́ уже́ два го́да бы́ло. А я же его́ ча́сто ю́заю, вот и аккумуля́тор не вы́держал. А с па́уэрба́нком неудо́бно всегда́ ходи́ть.

Лена: Ясно. У меня́ смартфо́н от Самсу́нга, моде́ль Galaxy S24FE. Я его́ купи́ла, потому́ что у него́ относи́тельно невысо́кая цена́ и хоро́шая ка́мера.

Юля: Хм.. А он двухси́мочный?

Лена: Да, у него́ две сим ка́рты, та́кже 3 ка́меры (50+12+8 Мп) и плюс в моём телефо́не операти́вка 8 Гб и встро́енная па́мять 256 Гб. Что о́чень хорошо́, так как я люблю́ фо́ткать и видо́сики снима́ть.

Юля: О, э́то о́чень хорошо́. Кста́ти, я ещё хоте́ла спроси́ть. Ты каки́м опера́тором по́льзуешься?

Лена: У меня́ Те́ле2, но я хочу́ поменя́ть его́, сохрани́в свой но́мер. Уже́ привы́кла к нему́. Слы́шала, что у Мегафо́на хоро́ший паке́т услу́г.

Юля: Да? А у меня́ МТС, тари́ф ≪Как хо́чешь≫. Могу́ настро́ить паке́т мину́т, сообще́ний и интерне́та как захочу́. Про́сто я ду́мала, вдруг чё-то ещё вы́годнее и деше́вле есть.

Лена: Поня́тно. Ну, я не осо́бо в э́том ша́рю. Пошли́ спро́сим у консульта́нтов.

한국어

율랴: 레나, 안녕! 오늘 너 안 바빠? 내 핸드폰에 물이 들어가 버려서 맛이 갔어. 새 것을 하나 사야 하는데, 뭐 살지 추천 좀 해줘.

레나: 맛이 갔다고?

율랴: 응, 벌써 2년 전 거잖아. 근데 난 자주 사용하니까 배터리가 더는 못 버티더라고. 보조배터리를 항상 갖고 다니는 것도 불편하고…

레나: 그렇구나. 내거는 삼성 스마트폰이야, 모델명은 Galaxy S24 FE이고. 이게 별로 안 비싸고 카메라 성능이 좋아서 샀거든.

율랴: 흠… 근데 그거 듀얼 SIM이야?

레나: 응. 듀얼 SIM이야, 게다가 카메라 3대(50+12+8MP)와 내 휴대폰에는 8GB램과 256GB 스토리지도 있어. 나 사진과 영상 찍는 걸 좋아해서 아주 훌륭해.

율랴: 오, 진짜 딱 좋네. 아 그리고, 물어보고 싶은 게 더 있는데, 넌 어떤 통신사 사용해?

레나: 난 Tele2(텔레드바) 사용해. 근데 핸드폰 번호는 그대로 놔두고 통신사를 바꾸고 싶거든. 이미 익숙해져 있으니까. Megafon(메가폰)에 괜찮은 서비스 패키지가 있다는 거 같은데.

율랴: 그래? 난 MTS ≪원하는 대로≫ 요금제 쓰는데. 내가 원하는 대로 통화, 문자, 인터넷 패키지를 맞춤 설정할 수 있더라고. 그냥 더 좋고 싼 요금제가 있을까 싶었는데.

레나: 그렇구나. 나 사실 그 쪽으로는 잘 몰라, 상담원한테 같이 가서 물어보자.

Молодёжный сленг и нормативные соответствия

сдох = перестал работать

чё-нить = что-нибудь

ю́зать = использовать от англ. use

операти́вка = оперативная память

фо́ткать = фотографировать

видо́сики снима́ть = снимать видео

не ша́рю = не понимаю

ИНТЕРЕСНО

- Две симки - это по-русски.
- Обратите внимание:

  В России смартфон с двумя SIM-картами - это не редкость, а скорее норма. Почему?

  Потому что у каждого оператора - свои ≪выгодные предложения≫, и россияне часто комбинируют тарифы:

  одна симка - для звонков, вторая - для интернета, или одна - личная, другая - рабочая.

  Операторы активно борются за клиентов, так что в ходу сразу несколько симок.

  Две симки - два мира, один телефон.

Лексико-грамматический комментарий к диалогу

1. Лексико-грамматические явления:

- 구어체 축약형과 슬랭 표현들 (оперативка, сдохнуть, фоткать, чё-нить, шарить, юзать)
- 청유의 표현들 (надо бы + 동사원형, пошли ~)
- 이유를 표현하는 종속절 (из-за того, что...)
- 전자기기 서비스와 관련해서 유용한 단어, 표현들 (двухсимочный, встроенная память, оперативная память, пакет услуг, пауэрбанк)

2. Подробные пояснения:

- 구어체 줄임말과 슬랭 표현들:

  сдох [(기기가) 맛갔다] - сломался [망가졌다], юзать [사용하다 (슬랭, 영어 use에서 유래)] - использовать [사용하다 (중립체)], чё-нить [뭐라도 (구어체)] - что-нибудь [어떤 것이든 (중립체)], пауэрбанк [보조배터리 (영어 power bank에서 유래, 슬)] - внешний аккумулятор [외장 배터리 (중립체)] оперативка [RAM, 램 (지소형)] - оперативная память [RAM (중립체)], фоткать [사진찍다 (슬랭)] - фотографировать [사진찍다 (중립체)], шарить [~에 대해 잘 알다 (슬랭)] - разбираться [~에 대해 잘 알다 (중립체)]

- 청유의 표현들:

  надо бы + 동사원형 [~해야 할 텐데] - 조심스럽게 권유를 하기 위한 표현입니다.

☞ 예시: Надо бы отдохнуть. Ведь ты очень старался. [너 쉬는 게 좋을 거 같은데. 너 정말 열심히 했잖아.]

  пошли + 동사 1인칭 복수형 [~하러 가자] - ≪давай≫없이 권유할 수 있는 표

현입니다.

☞ 예시: Пошли спросим [물어보러 가자]

- 이유를 표현하는 종속절:

  из-за того, что... [~한 이유로] - 부정적인 이유나 불가피한 원인을 설명할 때 사용되는 표현입니다.

☞ 예시: Я опоздал на работу из-за того, что проспал. [제가 늦잠을 자버리는 바람에, 회사에 지각했어요.]

- 전자기기 서비스와 관련하여 유용한 단어, 표현들:

  двухсимочный [듀얼 심], оперативная память [RAM, 임의 접근 기억장치], встроенная память [내장 저장공간], пакет услуг [서비스 패키지], консультант [상담원], привыкнуть к ~ [~에 익숙해지다]

3. Мини-упражнения для закрепления материала:

☑ Упражнение 1. Ответьте на вопросы по содержанию диалога.

1. Почему телефон Юли сдох?
   а) он старый
   б) в него попала вода
   в) она его уронила
   г) не было зарядки
2. Почему Лена купила Galaxy S24FE?
   а) он двухсимочный
   б) у него хорошая камера и цена
   в) у него много приложений
   г) он водонепроницаемый
3. Что именно Юля делает со своим телефоном?

а) только звонит

б) часто слушает музыку

в) часто пользуется, снимает фото и видео

г) использует только для сообщений

☑ Упражнение 2. Закончите предложения по содержанию диалога.

1. Телефон Юли перестал работать, потому что _____.
2. Лена пользуется оператором _____, но хочет _____.
3. У модели Galaxy S24FE есть _____, _____и _____.
4. Юля интересуется, какой _____ выбрать.
5. Лена предложила пойти _____.

☑ Упражнение 3. Поставьте глаголы в скобках в правильную форму.

1. Можешь _____ (посоветовать), какой телефон мне купить?
2. Моему телефону _____ (быть) два года.
3. Я люблю _____ (фотографировать).
4. Ты ____ (поменять) номер?
5. Иван, ты уже _____ (привыкнуть) к новому телефону?

RUSSIAN

VI.

ПУТЕШЕСТВИЯ

여행

25 Билет в Питер-1

빼쩨르행 티켓-1

러시아어

Минхо: Оля, на выходны́х я хочу́ съе́здить в Пи́тер. Мне нужна́ твоя́ по́мощь.

Оля: Пи́тер? Хорошо́, помогу́ чем смогу́. Что́бы ме́ньше тра́тить вре́мя на доро́гу, ты мо́жешь купи́ть биле́т на Сапса́н, но он чуть доро́же.

Минхо: А ско́лько по вре́мени занима́ет?

Оля: Часа́ четы́ре на Сапса́не и́ли о́коло десяти́ часо́в на обы́чном по́езде.

Минхо: Офиге́ть, а чё так до́лго? Лу́чше потра́чусь, но пое́ду на Сапса́не. Как купи́ть биле́т?

Оля: Лу́чше купи́ че́рез сайт.

Минхо: А чё за сайт?

Оля: Слы́шал когда́-нибудь о ≪Туту.ру≫? Дава́й покажу́. Введи́ в поисковике́ ≪Туту.ру заброни́ровать ж/д биле́т≫. Зайди́ на официа́льный сайт. Зате́м в графе́ ≪Отку́да≫ пи́шешь Москва́, в графе́ ≪Куда́≫ - Санкт-Петербу́рг. Выбира́й да́ту и нажима́й ≪Да́лее≫.

Минхо: Так про́сто?!

Оля: Да, и́зи! И не ну́жно е́хать на вокза́л! Выбира́ешь места́. При опла́те вво́дишь свой да́нные ка́рты, и тебе́ высыла́ют биле́т по ме́йлу.

Минхо: О су́пер! Погна́ли в Пи́тер со мной?

한국어

민호: 올랴, 나 주말에 삐쩨르에 다녀오려고 해. 네 도움이 필요해.

올랴: 삐쩨르? 좋지, 최대한 도와줄게. (삐쩨르로 가는) 길에 쓰는 시간을 좀 더 아끼고 싶으면, 삽산 기차 티켓을 사. 근데 그 티켓은 조금 비쌀 거야.

민호: 몇 시간 걸리는데?

올랴: 삽산을 타면 4시간 정도 걸리는데, 일반 기차를 타면 대략 10시간 걸려.

민호: 헐 대박이네, 왜 이렇게 오래 걸려? 돈 좀 쓰고 삽산 타고 가는 게 낫겠다. 근데 티켓은 어떻게 사는 거야?

올랴: 사이트 들어가서 사는 게 나아.

민호: 무슨 사이트야?

올랴: 혹시 ≪투투닷루(Tutu.ru)≫ 들어본 적 있어? 내가 보여줄게. 검색창에 ≪투투닷루 기차표 예매≫라고 쳐 봐. 공식 사이트에 들어가. 그리고 ≪출발지≫에는 모스크바, ≪도착지≫에는 상트페테르부르크를 써. 날짜를 선택하고 ≪다음≫ 버튼을 눌러.

민호: 이렇게 간단해?!

올랴: 당연하지, 쉽지! 그리고 기차역에 갈 필요도 없어. 좌석을 선택하고. 결제할 때 네 카드 정보를 입력하면, 이메일로 티켓을 보내 줄 거야.

민호: 와, 대박! 나랑 삐쩨르 갈래?

Молодёжный сленг и нормативные соответствия

Пи́тер = Санкт-Петербург

офиге́ть = очень сильно удивиться

потра́титься = потратить много денег

чё = что

поискови́к = поисковой сервис

и́зи = легко от англ. easy

су́пер = отлично от англ. super

погна́ли = пойдём, пошли

* 3 часа занимает - займёт ровно 3 часа (точное указание времени)

* часа 3 занимает - примерно 3 часа займёт (примерное указание времени)

ИНТЕРЕСНО

Обратите внимание:

Слышать или слушать? Ловим разницу!

Многие путаются с этими глаголами, но всё просто, если понять логику.

СЛЫШАТЬ - это когда звук доходит до Вас сам по себе, Вы его не контролируете:

Я ничего не слышу, сделай звук погромче.

(Шум есть, но Вы его не воспринимаете.)

💡 СЛУШАТЬ - это когда Вы сами направляете внимание на звук, то есть осознанно его воспринимаете:

Я люблю слушать музыку.

(Вы включаете трек и наслаждаетесь)

💡 Запомните:

- Слышать = звук сам пришёл к Вам
- Слушать = Вы сами пошли к звуку

💡 Обратите внимание:

ТРАТИТЬ

У глагола тратить есть две формы (완료) истратить и потратить. Они близки по значению, но чаще используется потратить.

💡 Обратите внимание:

Сравнительная и превосходная степень прилагательного дорогой - дороже - самый дорогой

Также дешёвый - дешевле - самый дешёвый.

! Кроссовки могут быть дешёвыми, а вот цена низкой.

! Сапоги могут быть дорогими, а цена - высокой.

Лексико-грамматический комментарий к диалогу

1. Лексико-грамматические явления:

- 구어체 줄임말과 슬랭들 (офигеть, чё, потратиться, изи, погнали, мейл)
- 명령과 청유의 표현들 (купи, введи, зайди, выбирай, нажимай, давай покажу, погнали)
- 감탄문 (так просто!?, о супер!)

2. Подробные пояснения:

- 구어체 줄임말과 슬랭들:

  офигеть [쩐다 (슬랭)] - очень сильно удивиться [매우 크게 놀라다 (중립체)], чё [뭘] - что [무엇을], потратиться [(돈, 시간 등이) 좀 소비되다] - потратить много денег [많은 돈을 쓰다], изи [쉽네 (영어 easy에서 유래, 슬랭)] - легко [쉬운 (중립체)], погнали! [가자! (구어체)] - пойдём! [가자! (중립체)], мейл [메일 (영어 mail에서 유래, 차용어)] - электронная почта [전자 우편 (중립체)]

- 명령과 청유의 표현들:

  купи [사], введи [입력해], зайди [들어가], выбирай [골라], нажимай [눌러], давай покажу [보여줄게], погнали [가자]

- 감탄문:

  Так просто!? [그렇게나 간단해!?] - 감탄이 섞인 반문입니다.

☞ Так + 부사의 결합으로 다른 표현도 가능합니다.

  예시: Так легко!? [그렇게나 쉬워!?], Так дорого!? [그렇게나 비싸!?]

  О супер! [와, 대박!] - 구어체에서 사용되는 영어의 super에서 유래한 슬랭입니다.

☞ 중립체로는 Отлично! [아주 좋네!]라고 표현할 수 있습니다.

3. Мини-упражнения для закрепления материала:

☑ **Упражнение 1. Преобразуйте глаголы в повелительное наклонение.**

1. (ты) зайти на сайт → ____________
2. (ты) выбрать дату → ____________
3. (ты) ввести данные → ____________
4. (ты) нажать "далее" → ____________
5. (ты) поехать со мной → ____________

☑ **Упражнение 2. Составьте предложения с ≪чтобы + инфинитив≫.**

1. Я учу русский язык, чтобы ________________________.
2. Он купил билет, чтобы ________________________.
3. Мы встали пораньше, чтобы ________________________.
4. Она пошла в аптеку, чтобы ________________________.
5. Ты пришёл на вокзал, чтобы ________________________.

☑ **Упражнение 3. Поставьте глаголы в скобках в правильную форму.**

1. В эти дни я _____ (ездить) в Питер каждую неделю.
2. На дорогу я _____ (тратить) два часа.
3. Я люблю _____ (фотографировать).
4. Сегодня плохо работал интернет, поэтому я завтра ____ (забронировать) номер.
5. Срочно _____ (ехать) на вокзал, у тебя осталось мало времени.

26 Билет в Питер-2

빼쩨르행 티켓-2

러시아어

Минхо: Оля, нам же на́до ещё хо́стел забро́нить!

Оля: Да. я забро́ню.

Минхо: Нет, я хочу́ сам попро́бовать. Мо́жешь про́сто помо́чь, е́сли что?

Оля: Ок. Попро́буй че́рез Ostrovok.ru.

Минхо: Хорошо́. Я зашёл на гла́вную страни́цу. Что да́льше?

Оля: Там есть око́шко с на́дписью ≪Куда́≫. Введи́: Санкт-Петербу́рг. Ря́дом графа́ ≪Зае́зд - вы́езд≫. Туда́ введи́ да́ту на́шего прибы́тия и отбы́тия. В сле́дующей графе́ бу́дет вопро́с по коли́честву челове́к, есть ли де́ти и ско́лько номеро́в пона́добится.

Минхо: Запо́мнил.

Оля: Да́льше нажми́ на ≪Найти́≫.

Минхо: Хорошо́, а что насчёт цен? И каче́ства но́мера? Я не о́чень хочу́ жить в совсе́м задри́панном но́мере.

Оля: Не пережива́й, когда́ ты всё вы́берешь, в но́вом окне́ поя́вятся вариа́нты оте́лей и хо́стелов. Вы́бери понра́вившийся и нажми́ на ≪Показа́ть все номера́≫. Над назва́нием бу́дут пока́заны о́тзывы, по кото́рым ты смо́жешь поня́ть, сто́ящий бу́дет ночле́г или нет. Мо́жешь их почита́ть. Це́ны бу́дут ука́заны ни́же. Они́ варьи́руются в зави́симости от ка́чества но́мера и услу́г.

Минхо: Хорошо́, щас попро́буем... Клёво, тут да́же мо́жно вы́брать но́мер по крите́риям! Ща найдём!

한국어

민호: 올랴, 우리 호스텔도 예약해야 돼!

올랴: 맞아. 내가 예약할게.

민호: 아니, 스스로 해 보고 싶어. 만약에 잘 안되면, 도와줄래?

올랴: 오키. Ostrovok.ru에서 해봐.

민호: 좋아. 메인 페이지에 들어갔어. 그 다음에는?

올랴: ≪어디로≫라고 적힌 창이 있을 거야. 상트페테르부르크라고 적어. 옆에 ≪도착 - 출발≫이라는 항목이 있을 거야. 거기에 도착일과 출발일을 적어. 그 다음 항목에는 인원수와 어린이가 있는지 그리고 객실이 몇 개 필요한지 물을 거야.

민호: 기억했어.

올랴: 그러고 나서 ≪검색≫을 눌러.

민호: 알았어. 그런데 얼마짜리로 해야 돼? 객실 상태는? 나 진짜 상태가 완전 후진 방에서는 별로 지내고 싶지 않은데.

올랴: 걱정하지 마. 네가 다 선택하면 새로운 창에 호텔과 호스텔을 선택할 수 있는 곳이 나올거야. 마음에 드는 걸 골라서 ≪모든 객실 표시≫를 눌러. 이름 위에 후기들이 표시될 텐데, 그걸 보면 숙박이 괜찮은지 아닌지 알 수 있을 거야. 그걸 읽어 보면 돼. 금액은 그 아래 표시되어 있을 거야. 금액은 객실 상태와 서비스에 따라 달라질 거야.

민호: 알았어. 지금 해보자. … 짱인데, 여기 심지어 조건에 따라 객실을 선택할 수도 있잖아! 한 번 찾아보자!

Молодёжный сленг и нормативные соответствия

забро́нить = забронировать

задри́панный = грязный, ужасный

клёво = здорово, отлично

щас, ща = сейчас

ИНТЕРЕСНО

- Где жить в России, если не у друзей?
  Если Вы путешествуете по России и у Вас нет друзей или знакомых, у которых можно переночевать, вот основные варианты жилья для туристов:
- Гостиницы и отели - это топ-комфорт: отдельный номер, уборка, завтрак, ресепшн 24/7. И, конечно, самая высокая цена. Подходит тем, кто хочет отдыхать с удобствами.
- Мотели - чаще встречаются вдоль трасс. Идеальны для тех, кто путешествует на машине и ищет, где переночевать на одну ночь.
- Хостелы - самый бюджетный вариант. Комнаты общие, кухня одна на всех, но зато можно познакомиться с другими путешественниками. Идеально для студентов, бэкпекеров и всех, кто хочет дёшево и весело отдохнуть.

- Каждый вариант - это разный уровень сервиса и цены. Главное - выбрать то, что подойдёт именно Вам.
- Вывод:
  В России можно жить как в люксе, так и в формате ≪дёшево и сердито≫. Главное - не забыть тапочки.

Лексико-грамматический комментарий к диалогу

1. Лексико-грамматические явления:

- 구어체 줄임말과 슬랭들 (клёво, понадобиться, ща(с), задрипанный)
- 명령과 청유 표현들 (попробуй, нажми, введи, выбери, почитай, не переживай и др.)
- 기준·조건·의존성을 나타내는 표현들 (по + 여격, в зависимости от чего-то)

2. Подробные пояснения:

- 구어체 표현들과 슬랭들:
  клёво [짱인데] - отлично [아주 좋네요], понадобится [필요할 것이다 (구어체에서 주로 사용)] - [будет нужно 필요할 것이다 (중립체)], ща(с) [지금 (сейчас의 축약형)] - сейчас [지금], задрипанный [후진, 허름한 (슬랭)] - старый [오래된 (중립체)]
- 명령과 청유 표현들:
  попробуй [시도해 봐], нажми [눌러], выбери [골라], почитай [읽어봐], не переживай [걱정하지마]
- 기준·조건·의존성을 나타내는 표현들:

по + 여격 - ≪по + 여격≫ 조합을 통해서 수단, 경로, 반복 시간, 기준, 의견, 감정 대상 등을 표현할 수 있습니다.

☞ 예시: по телефону [전화로], по улице [거리를 따라], по утрам [아침마다], по цвету [색상별로], по истории [역사에 대해서], скучаю по тебе [너를 그리워해]

в зависимости от + 생격 [~에 따라, ~에 의존된 상태에서] - 어떠한 결과나 상황이 특정 조건에 의존함을 나타내는 표현입니다.

☞ 예시: Цена может меняться в зависимости от курса доллара. [가격은 달러 환율에 따라서 변할 수 있습니다.]

3. Мини-упражнения для закрепления материала:

☑ **Упражнение 1. Напишите повелительное наклонение от следующих глаголов.**

1) открыть
2) ввести
3) найти
4) нажать
5) читать

☑ **Упражнение 2. Выберите правильную форму повелительного наклонения и вставьте в предложение.**

1) Пожалуйста, ____ (ввести) своё имя в эту графу.
2) Не ____ (переживать), всё будет хорошо.
3) ____ (почитать) отзывы перед бронированием.
4) ____ (выбрать) подходящий номер из списка.
5) Сначала ____ (нажать) на кнопку ≪Поиск≫.

☑ **Упражнение 3. Поставьте глаголы в скобках в правильную форму.**

1. Оля, ты ____ (забронировать) хостел?
2. Я ____ (попробовать) много раз, но сайт не работает.
3. ____ (зайти) на главную страницу ещё раз.
4. Ты ____ (вводить) дату нашего прибытия?
5. Мне ____ (понадобиться) все деньги, которые у нас есть.

27 Проводы
배웅

러시아어

Мама: Сынóк, а как ты доберёшься из аэропóрта до общáги?

Сын: Мам, не волнýйся, менá друзья́ встрéтят в аэропортý, и мы на таксѝ до общáги доéдем.

Мама: Как я могý не волновáться?! Это твой пéрвый раз, когдá ты надóлго уезжáешь из дóма, да ещё и заграни́цу!

Сын: У меня́ в Сеýле друзья́, они́ помóгут.

Мама: А сувени́ры ты бýдешь покупáть для друзéй?

Сын: Да, ужé купи́л и сложи́л в чемодáн.

Мама: Ты всё провéрил, что упаковáл в чемодáн?

Сын: Да.

Мама: Возьми́ всё необходи́мое, чтóбы там не покупáть.

Сын: Хорошó. Не провожáй меня́ до аэропóрта!

Мама: Почемý?

Сын: Тебé тяжелó потóм бýдет добирáться обрáтно до дóма. Рейс довóльно пóздно.

Мама: Хорошó, сы́ночка. Ся́дем на дорóжку?

Сын: Давáй!

한국어

엄마: 아들, 공항에서 기숙사까지 어떻게 갈 거야?

아들: 엄마, 걱정하지 마. 공항에서 친구들이 나를 픽업해서 택시 타고 기숙사까지 갈 거야.

엄마: 네가 처음으로 장기간 집을 떠나는데, 그것도 외국으로, 내가 어떻게 걱정을 안 할 수 있겠니?

아들: 서울에 친구들이 있어. 걔들이 도와줄 거야.

엄마: 친구들한테 줄 기념품은 살 거니?

아들: 응. 벌써 샀어. 캐리어에 넣어 뒀어.

엄마: 캐리어에 싼 물건들 전부 확인했니?

아들: 응.

엄마: 필요한 것들 다 챙겨, 그래야 거기서 안 사지.

아들: 알았어. 공항까지는 배웅하지마!

엄마: 왜?

아들: 나중에 집으로 돌아갈 때 힘들어. 비행기가 꽤 늦은 시간에 있어.

엄마: 알았어, 우리 아들. 출발하기 전에 잠깐 앉을까?

아들: 그러자!

Молодёжный сленг и нормативные соответствия

общáга = общежитие

ИНТЕРЕСНО

- ≪Сядем на дорожку≫ - последняя пауза перед путешествием.

  Перед тем, как выйти из дома и отправиться в поездку, многие россияне садятся на дорожку. Говорят так:

  Сядем на дорожку.

- Куда садятся?

  Куда угодно - на стул, диван, подлокотник кресла, чемодан или прямо на сумки. Главное - чтобы была абсолютная тишина, которая позволяет остановить момент.

- Зачем это нужно?

  - По суеверию - чтобы путь был удачным и безопасным.
  - По логике - чтобы успокоиться, вспомнить, что забыли, и собраться с мыслями.

  Сейчас это скорее семейная привычка, чем обязательный ритуал. Но многие до сих пор это делают - даже молодёжь. Потому что... ну а вдруг это действительно помогает?

Лексико-грамматический комментарий к диалогу

1. Лексико-грамматические явления:

- 구어체 줄임말과 애칭들 (мам, сынок, сыночка, общага)
- 명령과 청유의 표현들 (не волнуйся, не провожай, возьми, проверь, да-

вай, сядем на дорожку)

- 시간, 방향, 장소를 나타내는 표현들 (из аэропорта до общаги, в аэропорту, из дома, заграницу, на такси)
- 감정과 강조의 표현들 (как я могу не волноваться?!, тяжело будет, уже купил)

2. Подробные пояснения:

- 구어체 줄임말과 애칭들:

  мам [엄마 (축약형)] - мама [엄마],

  сынок, сыночка [아들 (애칭형)] - сын [아들]

  общага [기숙사 (구어체, 속어) - общежитие [기숙사 (중립체)]

- 명령과 청유의 표현들:

  не волнуйся [걱정하지마], возьми [가져가], не провожай [배웅은 하지마], проверь [확인해], сядем [(우리) 앉자]

- 시간, 장소, 방향 관련 표현들:

  из аэропорта до общаги [공항에서 기숙사까지], в аэропорту [공항에서], из дома [집에서 부터 (출발)], заграницу [해외로], на такси [택시로]

☞ 전치사 в, из, до, на등을 활용하여 방향과 장소, 이동수단 등을 나타낼 수 있습니다.

- 감정과 강조의 표현들:

  как я могу не волноваться?! [내가 어떻게 걱정을 안 하겠니?!] - 반어적으로 감정을 나타내는 표현입니다.

  тяжело будет [힘들거야] - 강조를 위해 단어 순서가 도치되었으며, 보통은 ≪будет тяжело≫ 입니다.

уже купил [이미 샀어] - ≪уже≫를 활용하여 어떠한 행위를 완료했음을 강조합니다.

3. Мини-упражнения для закрепления материала:

☑ **Упражнение 1. Замените инфинитивы глаголами в будущем времени (совершенный или несовершенный вид, в зависимости от контекста).**

1. Я (купить) подарок маме. -
2. Мы (встретить) тебя на вокзале. -
3. Она (не забыть) про твой день рождения. -
4. Ты (собирать) чемодан сам? -
5. Он (проверить) документы перед отъездом. -

☑ **Упражнение 2. Закончите предложения по содержанию диалога.**

1. Мама волновалась, потому что сын ____.
2. Сын сказал, что из аэропорта до общаги он ____.
3. Мама спросила, будет ли он ____.
4. Сувениры для друзей сын уже ____.
5. Сын попросил маму не провожать его, потому что ____.

☑ **Упражнение 3. Поставьте глаголы в скобках в правильную форму.**

1. Мама, не переживай! Я как-нибудь сам ____ (добраться) до общежития.
2. Когда ____ (волноваться), трудно фокусировать внимание.
3. Саша, ты мне ____ (помочь) найти чемодан?
4. Мам, подожди минутку. Я ____ (проверить) чемодан.
5. Не стой! ____ (сесть)!

28 Обмен валюты

환전

러시아어

Игорь: Юджин, приве́т! Мне нужна́ твоя по́мощь.

Юджин: Приве́т, да, коне́чно. Что случи́лось?

Игорь: Мне на́до обменя́ть до́ллары на во́ны. А то я меня́л в аэропорту́ по прие́зду, но у меня́ они́ уже́ зако́нчились.

Юджин: Ско́лько тебе́ на́до?

Игорь: Ско́ко ба́ксов? Думаю, 100 до́лларов хва́тит.

Юджин: Мне ка́жется, э́того бу́дет недоста́точно. Обменя́й хотя́ бы 200 до́лларов.

Игорь: Бо́льше у меня́ нет. Тепе́рь на ка́рте то́лько рубли́.

Юджин: Тогда́, когда́ бу́дешь снима́ть с ка́рты нали́чку, стара́йся как мо́жно бо́льше снять, так как коми́ссия 3600 вон за ка́ждый раз незави́симо от су́ммы.

Игорь: Оки! Спаси́бо за сове́т. Кста́ти, мо́жешь меня́ ещё научи́ть по́льзоваться ва́шим банкома́том?

Юджин: Коне́чно, без база́ра. Там всегда́ мо́жно переключи́ть язы́к на англи́йский, а в не́которых да́же и на ру́сский. Но есть одна́ пробле́ма.

Игорь: Кака́я?!

Юджин: Возмо́жно, не во всех банкома́тах бу́дет чита́ться твоя́ ка́рта.

Игорь: Ааа, ве́рно! Поэ́тому мне и нужна́ была́ твоя́ по́мощь. Когда́ я пыта́лся снять де́ньги в Си-Ю у нас тут, банкома́т про́сто вы́плюнул мою́ ка́рту.

Юджин: О чём и речь. Но я то́чно не зна́ю, при́мет ли твою́ ка́рту банкома́т в коре́йском ба́нке. Дава́й туда́ схо́дим за́втра.

Игорь: Ооо, спаси́бо!

한국어

이고리: 유진아, 안녕! 네 도움이 필요해.

유진: 안녕, 물론 도와줄게. 무슨 일이야?

이고리: 달러를 원화로 환전해야 하거든. 내가 도착했을 때 공항에서 환전했는데, 벌써 다 썼어.

유진: 얼마 하면 되는데?

이고리: 와, 얼마야? 내 생각엔 100달러면 될 거 같아.

유진: 내 생각에는 그걸론 충분하지 않을 거 같아. 적어도 200달러 정도는 바꿔.

이고리: 그 이상은 나한테 없어. 이제 카드에 루블밖에 없어.

유진: 그러면 출금할 때 최대한 많이 출금해 둬. 왜냐하면 출금액에 상관없이 한 번 출금할 때마다 수수료로 3,600원이 나가.

이고리: 오키. 조언해줘서 고마워. 근데, ATM기 사용하는 것도 가르쳐 줄 수 있어?

유진: 당연하지. 무조건 오케이지. ATM기에서 항상 언어를 영어로 바꿀 수 있어, 일부 ATM기는 러시아어도 지원하기도 해. 근데 문제가 하나 있어.

이고리: 어떤 건데?

유진: 아마 모든 ATM에서 네 카드가 인식되지는 않을 수도 있어.

이고리: 아. 그렇구나! 그래서 네 도움이 필요했던 거야. CU에서 출금하려고 했는데, ATM기가 내 카드를 뱉어내더라고.

유진: 내 말이 바로 그 말이야. 근데 확실히는 모르겠어. 한국은행 ATM기가 네 카드를 읽을 수 있으려나 잘 모르겠네. 내일 가 보자.

이고리: 오, 고마워!

Молодёжный сленг и нормативные соответствия

ско́ко = сколько

ба́ксы = доллары от англ. bucks

нали́чка = наличные средства

без база́ра = без проблем, конечно

вы́плюнуть ка́рту = банкомат не принимает карту

ИНТЕРЕСНО

≪Хочешь потерять друга - дай ему взаймы≫

В русском языке есть поговорка с характером:

≪Хочешь потерять друга - дай ему деньги взаймы.≫

Что она значит?

Когда деньги вмешиваются в дружбу, всё может быстро испортиться.

Кто-то забудет отдать, кто-то обидится, а кто-то просто пропадёт.

И вроде бы сумма была небольшая, но отношения уже не те...

Вывод:

Поговорка предупреждает: деньги - это проверка, и не всегда дружба её выдерживает.

Так что перед тем, как дать в долг - подумайте дважды.

Лексико-грамматический комментарий к диалогу

1. Лексико-грамматические явления:

- 구어체 표현들과 슬랭들 (без базара, банкомат выплюнул карту, о чём и речь)
- 명령과 청유의 표현들 (обменяй, старайся, давай сходим)
- 수량과 한정의 표현 (как можно больше, хотя бы, недостаточно)

2. Подробные пояснения:

- 구어체 표현들과 슬랭들:

  без базара [문제없지, 말도 마, 알았어 (슬랭)] - конечно [당연하지 (중립체)], банкомат выплюнул карту [ATM이 카드를 뱉었다 (구어체)] - банкомат не принял карту [ATM이 카드를 인식하지 못했다 (중립체)], о чём и речь [바로 그 얘기야! (구어체)] - именно об этом я и говорю [내가 말하는 게 바로 그거예요]

- 명령과 청유의 표현들:

  обменяй [환전해], старайся [노력해봐], давай сходим [같이 다녀오자]

- 수량과 한정의 표현들:

  как можно больше [가능한 한 많이], хотя бы [적어도], недостаточно [불충분하다]

☞ 예시: Постарайся запомнить как можно больше слов перед экзаменом. [시험 전에 가능한 한 많은 단어를 외울 수 있도록 해.]. Возьми с собой хотя бы тёплую куртку, вдруг будет холодно. [갑자기 추워질지도 모르니까, 적어도 따듯한 외투는 챙겨가.], Этого опыта недостаточно, чтобы получить работу. [이 경험으로는 일을 얻기에 불충분해.]

3. Мини-упражнения для закрепления материала:

☑ **Упражнение 1. Переведите на русский язык.**

1. 환전하고 싶은데 어디로 가야 해요?
2. 수수료가 얼마예요?
3. 한국에서는 어떤 카드를 쓸 수 있어요?
4. 이 카드로 현금 인출이 가능해요?
5. 러시아 돈을 원으로 바꾸고 싶어요.

☑ **Упражнение 2. Ответьте на вопросы по содержанию диалога.**

1. Где Игорь менял валюту после приезда?
2. Почему он не хочет часто снимать наличку?
3. Что делает банкомат с его картой?
4. Юджин может точно сказать, примет ли карту банкомат?
5. Когда они собираются пойти в банк?

☑ **Упражнение 3. Поставьте глаголы в скобках в правильную форму.**

1. Игорь, _____ (обменять) все доллары на воны.
2. _____ (снять) с карты все деньги.
3. Юджин, _____ (научить) меня пользоваться банкоматом.
4. Ты ____ (мочь) поменять язык меню.
5. _____ (попытаться) снять деньги в Си-Ю.

토르플 1급 어휘 최소 자기 평가를 위한 주제별 단원

인간 - 생명체로서의 존재

• 인간의 생애 단계와 연령

возраст, взрослый, год (лет), дата рождения, дети, детский (возраст), детство, девушка, девочка, день, женщина, жизнь, жить - прожить, молодой, молодой человек, молодёжь, молодость, мальчик, месяц, младший, мужчина, люди, человек, рождение, родиться, расти - вырасти, ребёнок, смерть, старик, старость, старший, старый, умереть, юноша, юность

• 신체 부위와 외모

бледный, борода, волосы, высокий, верхний - низкий, глаз, голова, горло, грудь, живот, желудок, зуб, красивый, лицо, лоб, милый, нос, нога, палец, полный, плечо, приятный, рот, рука, сердце, светлые, седые (волосы), сильный, симпатичный, слабый, спина, тёмные, толстый, усы, ухо, щека, шея, худой

• 건강

анализ, ангина, аптека, болен, болеть - заболеть, болит (голова, горло, живот, зуб), больная, больница, больной, бледный, врач, выздоравливать - выздороветь, вызывать - вызвать (врача), грипп, доктор, детский в рач, здоров, здоровый, зубной врач, кашель, лекарство, лечить - вылечить кого?, ломать - сломать (ногу), навещать - навестить кого?, насморк, операция, поликлиника, простудиться, рецепт, температура, таблетка, укол, хирург, чувствовать себя (плохо/хорошо)

• **식사와 식품**

аппетит, апельсин, банка, банан, батон, белый (хлеб), блюдо, булочка, борщ, буфет, бутерброд, бутылка, варить - сварить что?, виноград, вилка, вино, вкусно, вкусный, вода, водка, выбирать - выбрать что?, горячий, горький, готовить - приготовить что?, говядина, жареный, жарить - пожарить что?, завтрак, завтракать - позавтракать, закуска, заказывать - заказать что?, закрывать - закрыть что?, зелень, есть - съесть/поесть что?, зелень, капуста, картофель, картошка, каша, класть - положить что? куда?, кофе, колбаса, коробка, кормить - покормить кого?, котлета, курица, лимон, ложка, масло, молоко, мороженое, мясо, нож, обед, обедать - пообедать, овощи, огурец, открывать - открыть что?, печенье, пить - выпить что?, пирог, пирожное, пирожок, пиво, пицца, плов, полезно, полезный, помидор, Приятного аппетита! пробовать - попробовать что?, продукты, продавать - продать что?, покупать - купить что?, ресторан, резать что?, рис, рыба, салат, сахар, свежий, свинина, сок, соль, соус, столовая, стакан, сыр, счёт, суп, тёплый, тарелка, торт, ужин, ужинать - поужинать, фрукты, хлеб, чай, чайник, чашка, щи, шоколад, яблоко, ягода, яйцо

• **주거와 가구**

(ㄱ) 주거

балкон, ванная, вход, выход, двор, дача, дверь, дом, домашний, душ, зд ание, зал, закрывать - закрыть что?, кабинет, квартира, ключ, комната, коридор, корпус, крыша, кухня, лестница, лифт, окно, открывать - открыть что?, пол, потолок, снимать - снять (квартиру, дачу), стена, столовая, строить - построить что?, угол, удобно, удобный, убирать - убрать что?, этаж

(ㄴ) 가구

диван, кресло, кровать, полка, стол, стул, шкаф

(ㄷ) 일상용품

ваза, вещь, водить (машину), велосипед, зеркало, зонт, игрушка, календарь, картина, кататься на чём?, курить, купить - покупать что?, лампа, машина, менять - поменять что?, мыло, полотенце, сигарета, смотреть - посмотреть, снимать - снять кого? что?, слушать - послушать что?, спички, сумка, сувенир, терять - потерять что?, фотоаппарат, фотографировать кого? что?, фотографироваться, сфотографироваться, часы, чемодан, щётка

(ㄹ) 전자제품

видео, беречь - сберечь что?, включать - включить что?, вымыть - мыть что?, выключать - выключить что?, вешать - повесить что?, диск, звонить - позвонить (по телефону), закрывать - закрыть что?, компьютер, ксерокс, магнитофон, мыть - вымыть что?, открывать - открыть что? радио, смартфон, снимать - снять что?, телевизор, телефон (домашний, мобильный), флешка, холодильник

• **의류와 신발**

ботинки, брюки, галстук, джинсы, костюм, кроссовки, куртка, носки, од ежда, обувь, пальто, перчатки, платок, платье, плащ, рубашка, сапоги, с витер, шапка, шарф, шляпа, юбка, туфли, длинный, зимний, короткий, к расивый, летний, лёгкий, модный, светлый, спортивный, современный, тёмный, тёплый, тяжёлый, узкий, широкий, велик, -а, -о, -и, красиво, ма л, -а, -о, -ы, широк, -а, -о, -и, выбирать - выбрать что?, дарить - подари ть что?, менять - поменять что?, мерить - померить что?, надевать - на деть что?, носить что?, одевать - одеть кого?, одеваться - одеться, поку пать - купить что?, шить - сшить что?

이성적 존재로서의 인간

• **지능, 의지, 욕구**

великий, воля, вспоминать - вспомнить что?, глупый, должен, должна, должны, думать - подумать о чём?, желание, забывать - забыть что?, за мечать - заметить что?, интерес, интересно, интересный, интересоват ься чем?, легко, мечта, мечтать о чём?, мочь - смочь, мысль, надо, наде яться на что?, нельзя, нужен, нужна, нужно, нужны, опытный, оригинал ьный, понимать - понять что?, понятно, пытаться, редкий, серьёзный, с омневаться в чём?, способный, сравнивать - сравнить что?, стараться - постараться, стремиться, талантливый, трудно, удивительный, умный, у никальный, хотеть - захотеть, шутить - пошутить, шутка, юмор

• **성격, 감정, 상태**

активный, бояться чего?, вежливый, верный, весело, весёлый, внимате льный, волноваться, горе, гостеприимный, грубый, грустно, грустный, дружба, дружить, жаль, интересно, культурный, легко, любовь, любить, настроение, нервный, несчастливый, несчастье, нравиться - понравиться, плакать, приятно, радоваться - обрадоваться, радость, решительный, скромный, скучно, слабый, смелый, смеяться, спокойно, спокойный, стыдно, счастье, счастливый, сильный, тихий, трудолюбивый, трудно, улыбаться - улыбнуться, усталый, характер, честный, чувство, чувствовать - почувствовать что?, энергичный

• **대상에 대한 행동**

выполнять - выполнить что?, доказывать - доказать что? кому?, заканчивать - закончить что?, записывать - записать что?, запоминать - запомнить что?, знать что?, исправлять - исправить что?, конспектировать что?, начинать - начать что?, оканчивать - окончить что?, обсуждать - обсудить что? с кем?, помнить кого? что?, понимать - понять кого? что?, проверять - проверить что?, продолжать - продолжить что?, сравнивать - сравнить что? с чем?

• **사물이나 사람에 대한 평가와 중요성**

великий, глупый, доволен, довольна, довольны чем?, интересный, лучший, лучше, мастер, мнение, молодец, необыкновенный, обыкновенный, обычный, оригинальный, отношение, оценка, отлично, плохой, по-моему, по-твоему, по-вашему, по моему (твоему...) мнению, прав, -а, -ы, прекрасный, редкий, согласен, согласна, согласны, точка зрения, ужасно, ужасный, удивительный, умный, уникальный, хороший, хуже

인간과 사회

• 국가 체제

(ㄱ) 국가

государство, государственный, граница, гражданин, гражданство, иностранный, международный, народ, народный, национальность, национальный, население, посол, посольство, республика, родина, страна, территория, флаг

(ㄴ) 권력

американский, английский, власть, депутат, закон, китайский, корейский, парламент, партия, политический, политика, правительство, президент, российский, царь

• 사람의 명칭과 특징

(ㄱ) 거주지와 국적

американец - американка - американцы, житель, иностранец - иностранка - иностранцы, китаец - китаянка - китайцы, кореец - кореянка - корейцы, москвич - москвичка - москвичи, русский - русская - русские, сосед - соседка

(ㄴ) 인간관계

друг - друзья, знакомый, гость, коллега, подруга, товарищ, хозяин - хозяйка

• 가족과 친척

бабушка, брат, внук, внучка, выйти замуж, дедушка, дети, дочь, дядя, жена, женат, жениться, жених, замужем (быть), замужем, мама, мать, младший, муж, невеста, отец, папа, родители, родной, родственник, семейный, семья, сестра, сын, старший, тётя, ребёнок

- 직업과 전공

артист - артистка, архитектор, биолог, биологический, врач, водитель, географ, географический, геолог, геологический, дело, делать - сделать что?, дирижёр, доктор, журналист, инженер, историк, исторический, кассир, композитор, космонавт, лётчик, математик, математический, медицинский, медсестра, менеджер, музыкант, официант, певец - певица, переводчик, полицейский, получать - получить (профессию, специальность), преподаватель - преподавательница, продавец - продавщица, производить что?, профессия, психолог, работа, работать кем? где?, рабочий, режиссёр, рыбак, создавать - создать что?, специалист, специальность, строитель, труд, трудиться, физик, физический, филолог, филологический, философ, философский, химик, химический, хирург, шофёр, экономист, экономический, юридический, юрист

- 사람의 신분 및 직업적 지칭

аспирант - аспирантка, автор, баскетболист, библиотекарь, бизнесмен, генерал, декан, депутат, дипломат, директор, домохозяйка, заниматься чем? мастер, министр, моряк, организовать что?, офицер, пенсионер - пенсионерка, писатель, поэт, посол, президент, профессор, ректор, руководитель, руководить чем?, рыбак, секретарь, солдат, спортсмен - спортсменка, студент - студентка, тренер, турист, ученик - ученица, учёный, фермер, футболист, хозяин - хозяйка, хоккеист, художник, царь, чемпион, читатель, шахматист, школьник - школьница, экскурсовод

- **생활 수준**

бедный, богатство, богатый, деньги, оценивать - оценить что?, ценный, ценить что?

- **활동 분야**

бизнес, важный, делать что?, играть во что?, искусство, изучать что?, ис следовать что?, заниматься чем?, культура, медицина, направление, на ука, образование, организовать что?, политика, производство, работат ь где?, руководить чем?, создавать что?, современный, спорт, трудитьс я где?

- **교육과 과학**

академия (наук), алгебра, анализ, анализировать - проанализировать ч то?, архитектура, архитектор, аспирант - аспирантка, аспирантура, ауд итория, биолог, биология, буква, вопрос, географ, география, геолог, ге ология, грамматика, группа, делать - сделать (открытие), декан факульт ета, директор школы, диссертация, диктант, диск, доска, двойка, задани е, задавать - задать (вопрос, задание), заканчивать - закончить что?, за дача, звук, зачёт, заниматься чем?, занятие, знание, изучать - изучить ч то?, изучение, исправлять - исправить что?, исследование, исследоват ь что?, институт, историк, история, интересный, кабинет (физики), кани кулы, карандаш, карта, класс (первый класс), колледж, компьютер, ком пьютерный класс, конференция, курс (второй курс), курсы, книга, лабо ратория, лекция, лёгкий, литература, математик, математика, медицин а, начало (лекции), научный, номер, обучение, обучать - обучить кого? + 동사원형, образование, образец, объяснять - объяснить что? кому?, ок анчивать - окончить что?, окончание, обсуждать - обсудить что?, ответ, отметка, оценка, открытие, ошибка, писать - написать что?, получать (образование), понимать - понять что?, поступать - поступить куда?, практика, практический, программа, преподаватель - преподавательница, преподавать что?, пример, профессор, психолог, психология, пятёрка, работа (научная), расписание, решать - решить что?, ректор (университета, института), ручка, слово, словарь, сообщение, специальность, страница, студент - студентка, сравнивать - сравнить что с чем?, стать кем?, тема, текст, теоретический, тетрадь, труд, трудный, тройка, упражнение, учащийся, ученик - ученица, учёный, училище, учитель - учительница, учить - выучить что?, учить - научить кого? + 동사원형, учиться где?, учиться - научиться + 동사원형, физик, физика, филолог, филология, философ, философия, химик, химия, цифра, число, читать - прочитать что?, четвёрка, школа, школьник - школьница, язык (иностранный), энциклопедия, экспедиция, эксперимент

• **예술**

(ㄱ) 일반적인 개념

автор, виды искусства, деятель искусства, искусство, известный, иметь (успех), любить что?, мастер, нравиться - понравиться, полюбить что?, получить (премию), популярный, премия, произведение искусства, производить - произвести (впечатление), принимать участие (в конкурсе, фестивале), руководитель, современный, создавать - создать что?, талант, талантливый, творчество, успех, успешно

(ㄴ) 건축

ансамбль (архитектурный), архитектор, башня, беречь - сберечь что?, выставка, выбирать - выбрать что?, создавать - создать что?, здание, жи вопись, изображать - изобразить кого? что?, картина, красивый, кремль, мастер (живописи), музей, называться, памятник (архитектуры), посещать - посетить что?, портрет, произведение (живописи), рисовать - нарисовать кого? что?, собор, современный, сохранять - сохранить что?, старинный, строить - построить что?, фотоаппарат, фотографировать - сфотографировать кого? что?, фотография, фонтан, художник, храм, цветной, церковь, ценить что?

(ㄹ) 영화

артист, артистка, билет, видео, видеофильм, герой (фильма), главный (герой, роль), детектив, документальный, зал, зритель, касса, кинотеатр, классический, комедия, место, мультфильм, музыкальный, премия, режиссёр, ряд, трагедия, фестиваль, фильм, художественный, художественный фильм

(ㅁ) 문학

автор, выражать - выразить что?, герой (рассказа, романа), детектив, изображать - изобразить кого? что?, комедия, книга, литература, писатель, писать - написать что?, поэзия, поэт, произведение (литературное), пьеса, рассказ, роман, сказка, стихи, читатель, читать - прочитать что?

(ㅂ) 음악

артист, артистка, выступать - выступить где?, дирижёр, композитор, гитара, зал, музыка, музыкальный (школа), мелодия, народная (музыка), концерт, классическая (музыка), композитор, концерт, консерватория, музыка, музыкальный (школа), музыкант, народная (музыка), опера, песня, пианино, плейер, певец, певица, петь - спеть что?, программа (концерт а), произведение (музыкальное), рояль, скрипка, современная (музыка), слушать - послушать кого? что?, хор

(ㅅ) 연극

актёр, актёр балета, артистка, балерина, балет, видеть - увидеть, герои ня (пьесы), драма, зритель, играть - сыграть (роль), идти - пройти, коме дия, мюзикл, опера, петь - спеть, пьеса, роль, режиссёр, спектакль, сце на, театр, трагедия, участвовать, успешно

- **스포츠**

баскетбол, баскетболист, бассейн, бегать - бежать, бейсбол, болельщик, болеть за кого? за что?, бороться, борьба, велосипед, волейбол, волей болист, впереди, высоко, выигрывать - выиграть, выступать - выступит ь, встреча, готовиться - подготовиться к чему?, гимнастика, далеко, еде т - заниматься чем?, зал, играть во что?, игра, кататься, клуб (спортивн ый), коньки, лодка, лыжи, матч, мяч, побеждать - победить кого?, плава ть - плыть, проигрывать - проиграть, прыгать, соревнования, спорт, сп ортсмен, спортсменка, спортивный, стадион, сильный, слабый, теннис, теннисист, тренировка, тренироваться, участвовать в чём?, успешно, ф игурное катание, футбол, футболист, хоккей, хоккеист, чемпион, чемпи онат, шахматы, шахматист

- **휴식과 명절**

время (свободное), гость, гулять - погулять, день рождения, детский, ж елать - пожелать кому? чего?, каникулы, новогодний, Новый год, отпуск, отдых, отдыхать - отдохнуть, поздравлять - поздравить кого? с чем?, п раздник, приглашать - пригласить кого? куда?, проводить - провести (в ремя, отпуск, праздник) где?, Рождество, семейный, спортивный, фести валь, хозяин - хозяйка

- **여행과 관광**

автомобиль, аэропорт, багаж, билет (туда и обратно), вагон, велосипед, вокзал, войти - выйти куда?, возвращаться - вернуться куда? откуда?, г раница, декларация, дорога, доехать до чего?, дойти до чего?, железна я дорога, ехать куда?, ездить куда?, идти (пешком), карта, касса, корабль, летать куда?, лететь куда?, лодка, маршрут, машина, нести что? куда?, н осить что? куда?, остановка, осмотреть - осматривать что?, отъезд, пас порт, пароход, переехать куда?, перейти что?, план (города), поезд, по ехать куда?, пойти куда?, посмотреть что?, порт, путешествие, путешест венник, путешествовать где?, прилетать куда? откуда?, привозить - при везти что?, приехать куда?, рождество, садиться - сесть на что?, самолё т, станция, турист, уехать куда?, улетать куда? откуда?, шоссе, ходить ку да?, экскурсия

- **교통과 여행**

автобус, автобусный (автобусная остановка), автомобиль, билет (туда и обратно), вагон, входить - войти куда?, возвращаться - вернуться куда? откуда?, выходить - выйти куда?, городской (транспорт), делать - сдела ть (пересадку), ехать куда?, идти (поезд идёт) куда?, касса, машина, мед ленно, место, метро, остановка, отъезд, отходить - отойти (поезд отход ит) от чего?, пассажир, паром, переезжать - переехать, пересадка, поез д, поехать куда?, поездка, подходить - подойти к чему?, подъезжать - п одъехать, приехать куда?, приходить - прийти (поезд пришёл) куда?, п роезжать - проехать что?, регулярный, садиться - сесть, следующий (п оезд, остановка), станция, такси, трамвай, троллейбус, уезжать - уехать куда?, уходить - уйти куда?, шофёр

• 거주지와 직장 (도시 시설)

адрес, аптека, бассейн, банк, библиотека, больница, булочная, вокзал, гастроном, гимназия, гостиница, город, городской, , ездить, житель, жить, зоопарк, завод, здание, институт, кафе, кинотеатр, клуб, колледж, консерватория, кремль, лифт, магазин, мост, музей, общежитие, остановка, парк, памятник, переход, переходить - перейти, переулок, площадь, полиция, поликлиника, посольство, проспект, работать, район, ресторан, сад, собор, современный, станция, столица, столовая, супермаркет, театр, улица, университет, узкий, фабрика, фирма, ходить, цирк, центральный, центр, церковь, широкий, школа

• 의사소통

беседа, беседовать - побеседовать о чём?, говорить - сказать кому? о чём?, громко, диалог, звонить - позвонить кому?, звать - позвать кого?, интернет, звонить, записка, кино, новость, открытка, отвечать - ответить кому?, передавать - передать что?, передача, переводить - перевести что?, письмо, писать - написать что?, понимать - понять кого?, повторять - повторить что?, показывать - показать что?, посылать - послать что? кому?, приглашать - пригласить кого?, принимать - принять участие, присылать - прислать что?, просить - попросить кого?, разговаривать о чём?, рассказ, рассказывать - рассказать о чём?, радио, советовать - посоветовать кому?, сообщение, сообщать - сообщить что? о чём?, спрашивать - спросить о чём?, смотреть - посмотреть что?, телевизор, телефон, тихо, факс, участвовать, узнавать - узнать о чём?, читать - про читать что?, язык (на каком языке?)

• 서류와 인쇄물

билет, газета, детектив, документ, заявление, журнал, книга, марка, открытка, паспорт, печатать - напечатать что?, письмо, план, программа, роман, словарь, статья, страница, студенческий билет, текст, учебник, факс, фотография, энциклопедия

자연

• **지리**

(ㄱ) 일반적인 개념

атмосфера, восток, гора, запад, земля, космос, космический, луна, море, остров, океан, озеро, река, север, солнце, юг

• **기후**

(ㄱ) 일반적인 개념

жарко, климат, прохладно, температура, тепло, холодно

(ㄴ) 계절과 파생어

весна, весной, весенний, зима, зимой, зимний, лето, летом, летний, осень, осенью, осенний

(ㄷ) 자연 현상과 날씨

весенний, ветер, воздух, восточный, дождь, жарко, зимний, идти, лёд, летний, минус 15 градусов, облако, осенний, погода, плохая, плюс 35 гра дусов, прохладно, северный, свежий, снег, слабый, сколько градусов?, сильный, тёплый, тепло, туман, холодно, холодный, хороший, южный

• **사물의 특징**

(ㄱ) 색깔

белый, голубой, жёлтый, зелёный, коричневый, красный, розовый, светлый, серый, синий, тёмный, чёрный, яркий

(ㄴ) 특성

вредный, горький, горячий, грязный, деревянный, железный, золотой, каменный, крепкий, мягкий, мокрый, необыкновенный, новый, обыкновенный, одинаковый, обычный, оригинальный, полезный, плохой, свежий, сладкий, слабый, серебряный, старый, сухой, твёрдый, тёплый, удобный, холодный, хороший, чистый

(ㄷ) 형태

большой, высокий, длинный, короткий, круглый, крупный, маленький, низкий, огромный, узкий, широкий

(ㄹ) 무게

лёгкий, тяжёлый

(ㅁ) 가격

высокая (цена), деньги, дёшево, дешёвый, дорого, дорогой (товар), низкая (цена), рубль, сколько стоит?, стоить, цена, ценный (подарок, вещь)

(ㅂ) 장소

близкий, городской (парк), далёкий, левый, петербургский (театр), пра вый, соседний, университетский (территория), центральный (район)

(ㅅ) 소유형용사

ваш, его, её, их, мой, наш, отца, свой, твой, университетский (гостиница), чужой (дом)

추상적 개념

- **장소, 거리, 공간 방향**

близко, в, вверху, вниз, внизу, внутри, вверх, далеко, здесь, за, место, на, над, налево, направо, напротив, около, перед, по, под, прямо, рядом, с реди, слева, снаружи, сюда, там, туда, тут, у, центр, центральный

- **시간**

(ㄱ) 계절

весной, зимой, летом, осенью

(ㄴ) 월

январь, февраль, март, апрель, май, июнь, июль, август, сентябрь, октяб рь, ноябрь, декабрь

(ㄷ) 요일과 파생어

понедельник, вторник, среда, четверг, пятница, суббота, воскресенье (в понедельник, во вторник, в среду, в четверг, в пятницу, в субботу, в воскресенье)

(ㄹ) 시간대별 용어

день, днём, вечер, вечером, ночь, ночью, утро, утром

(ㅁ) 빈도를 나타내는 용어

вдруг, всегда, всё время, ежедневно, ежедневный, ежегодно, ежегодный, иногда, каждый (день, месяц и т.д.), никогда, однажды, обычно, постоянно, раз, регулярно, редко, часто

(ㅂ) 기간

быстро (сделал), будущее, в будущем, в настоящее время, в прошлом, в это время, в то время, во время, давно, до, долго (делал), затем, медленно, недавно, перед (работой), после (работы), поздно, потом, прошлый (год), рано, раньше, сейчас, сначала, следующий, скоро, с утра до вечера, тогда, теперь, через (2 часа)

- **수량**

(ㄱ) 일반적인 개념

количество, мало, много, несколько, половина, сколько, часть, число, четверть

(ㄴ) 기수사

1 один, одна, одно, 100 сто, 1000 тысяча, 11 одиннадцать, 12 двенадцать, 13 тринадцать, 14 четырнадцать, 15 пятнадцать, 16 шестнадцать, 17 семнадцать, 18 восемнадцать, 19 девятнадцать, 2 два, две, 20 двадцать, 200 двести, 3 три, 30 тридцать, 300 триста, 4 четыре, 40 сорок, 400 четыр

еста, 5 пять, 50 пятьдесят, 500 пятьсот, 6 шесть, 60 шестьдесят, 600 шестьсот, 7 семь, 70 семьдесят, 700 семьсот, 8 восемь, 80 восемьдесят, 800 восемьсот, 9 девять, 90 девяносто, 900 девятьсот, 1 000 000 миллион

(ㄷ) 서수사

первый, второй, третий, четвёртый, пятый, шестой, седьмой, восьмой, девятый, десятый, одиннадцатый, двенадцатый, тринадцатый, четырнадцатый, пятнадцатый, шестнадцатый, семнадцатый, восемнадцатый, девятнадцатый, двадцатый

- **행동과 상태의 질**

ничего, нормально, отлично, плохо, прекрасно, хорошо

- **측정 단위**

(ㄱ) 거리의 단위

сантиметр, метр, километр

(ㄴ) 시간의 단위

секунда, минута, час, день, сутки, неделя, месяц, год, век

(ㄷ) 무게의 단위

грамм, килограмм

(ㄹ) 화폐의 단위

вона, доллар, евро, рубль, юань

- **의문사**

где?, зачем?, как?, какой?, когда?, кто?, куда?, откуда?, почему?, при как ом условии?, сколько?, чей?, что?

토르플 1급+ 필수 어휘 목록

A	
а	그런데
або́рт	낙태
абсолю́тно	절대적이다, 완전하다
а́вгуст	8월
авто́бус	버스
авто́бусный	버스의
автома́т (торго́вый ~)	자판기
автомоби́ль (남성)	자동차
а́втор	저자, 작가
аге́нтство	대리점, 사무소
адапти́рованный	맞춰진
администра́ция	행정
а́дрес	주소
ажиота́ж	(인위적으로 만들어진)열풍
азиа́тский	아시아의
акаде́мия	아카데미
аккумуля́тор	보조배터리
акти́вный	적극적인, 능동적인
акце́нт	발음
Алло́!	여보세요!
альбо́м	앨범, 사진첩
америка́нский	미국의
ана́лиз	분석; 검사
ана́лог	비슷한 것

анализи́ровать (불완료) - проанализи́ровать (완료)	분해하다, 분석하다
анестези́я	마취
анги́на	후두염
англи́йский	영국의
а́нгло-ру́сский	영-러의
анекдо́т	일화
анке́та	용지, 양식
анса́мбль (남성)	앙상블
антибио́тик	항생제
апельси́н	오렌지
аппендици́т	충수염
аппети́т	식욕
апре́ль (남성)	4월
апте́ка	약국
апте́чка	구급키트
а́рмия	군대
арти́ст	예술가
арти́стка	여자 예술가
архите́ктор	건축가
архитекту́ра	건축
архитекту́рный	건축의
аспира́нт	대학원생
аспира́нтка	여자 대학원생
аспиранту́ра	대학원
ассисте́нт	보조
атмосфе́ра	대기; 분위기
а́томный	원자의
аудито́рия	강의실
афи́ша	포스터
аэропо́рт	공항
Б	
ба́бушка	할머니

бага́ж	짐
балери́на	발레리나
бале́т	발레
балко́н	발코니
бана́н	바나나
бандеро́ль	소포
банк	은행
ба́нка	통
банкома́т	ATM
баскетбо́л	농구
баскетболи́ст	농구 선수
бассе́йн	수영장
бато́н	바게트
ба́шня	탑, 타워
бе́гать	뛰다
бе́дный	가난한; 불쌍한
бежа́ть (불완료) - побежа́ть (완료) (бегу́)	뛰다
без (бе́зо)	~없이
бейсбо́лка	야구 모자, 볼캡
бе́лый	흰
бензи́н	휘발유
бе́рег	강변
берёза	자작나무
бере́чь (불완료) (берегу́, бережёшь; берёг, берегла́, берегли́) - сбере́чь (완료)	아끼다
бесе́да	담화, 대담
бесе́довать (불완료) - побесе́довать (완료)	대화하다, 담화하다
беспла́тно	무료다
беспла́тный	무료의
беспоко́иться (불완료) - о~/по~ (완료)	염려하다, 걱정하다
бессо́нница	불면증
библиоте́ка	도서관
би́знес	기업, 사업

бизнесме́н	기업가, 사업가
биле́т	표
биогра́фия	전기
био́лог	생물학자
биологи́ческий	생물학의
биоло́гия	생물
бить (불완료) - поби́ть (완료)	치다, 때리다
благодари́ть (불완료) - поблагодари́ть (완료)	감사하다
благодаря́	~의 덕분에, 때문에
бланк	서식용지
бле́дный	창백한, 생기 없는
бли́же	더욱 가까운
бли́зкий	가까운
бли́зко	가깝다, 가깝게
блонди́нка	금발머리 여자
блю́до	요리
бог	신
бога́тство	부귀, 재물, 풍부
бога́тый (명사, 형용사)	부자, 부유한
бой	전투
бока́л	와인 잔
бо́лее	더 많이
боле́знь (여성)	병
боле́льщик	팬
бо́лен, больна́, больны́	아프다
боле́ть[1] (불완료) - заболе́ть (완료)	병을 앓다
боле́ть[2] (불완료)	아프다
больни́ца	병원
бо́льно	아프게, 아프다
больно́й (명사, 형용사)	환자; 아픈
бо́льше	더 많이
большинство́	다수, 대부분
большо́й	큰

борода́	턱수염
боро́ться (불완료) (борю́сь, бо́решься, бо́рются)	싸우다, 경쟁하다
борьба́	투쟁, 시합
боти́нки (복수) - боти́нок (단수)	구두, 부츠
боя́ться (불완료) - забоя́ться (완료) (бою́сь, бои́шься)	무서워하다
брат	형, 남동생; 오빠
брать (불완료) - взять (완료)	가지다; 빌리다
бри́ться (불완료) - побри́ться (완료) (бре́юсь, бре́ешься)	면도하다
броса́ть (불완료) - бро́сить (완료)	던지다, 그만두다
брю́ки (복수)	바지
брюне́тка	갈색머리 여자
бу́дущее	미래, 장래
бу́дущий	미래의
бу́ква	문자
буке́т	부케
бу́лочка	흰 빵
бу́лочная (명사)	빵집
бума́га	종이
бу́рно	활동적으로
бутербро́д	샌드위치
буты́лка	병
буфе́т	매점; 뷔페
бы	~했을 것이다 (가정법)
быва́ть (불완료)	있곤 하다
бы́вший	예전의; 전 남친
бы́стро	빠르게
бы́стрый	빠른
быть (불완료)	~이다, 어디에 있다
бэкпе́кер	배낭여행자
бюдже́тный	가성비 있는
В	

в (во)	~로, ~에
вагóн	차량
вáжно	중요하다, 중요하게, 점잖게
вáжный	중요한
вáза	꽃병
вáнная	욕실
вари́ть (불완료) - свари́ть (완료)	삶다, 끓이다
варьи́роваться	달라지다
ваш, вáша, вáше, вáши	당신의
вверх	위로
вверхý	위쪽에, 높은 곳에
вводи́ть (불완료) - ввести́ (완료) (ввожý; введý)	입력하다
вдвоём	둘이서, 둘이 같이
вдруг	갑자기
вдýмчиво	신중하게
вебсáйт	웹사이트
ведь	과연 ~이기 때문에
вéжливый	정중한, 예의바른
вездé	어디든지
везти́ (정향) - вози́ть (부정향) (везý; вожý)	나르다, 운반·운송하다
век	세기
вели́к, великá, великó, велики́	위대하다, 아주 크다
вели́кий	위대한
велосипéд	자전거
вéрить (불완료) - повéрить (완료)	믿다
вернýться (완료) - возвращáться (불완료)	돌아오다
вéрный	옳은, 진실한, 확실한
вéрующий	신자
вéрхний	위의, 높은 곳의
вéсело	유쾌하다, 유쾌하게
весéнний	봄의
весёлый	유쾌한
веснá	봄

веснóй	봄에
вести́	데려가다
вести́ себя́	행동하다
весь, вся, всё, все	모든 것
вéтер	바람
вéчер	저녁
вечéрний	저녁의
вéчером	저녁에
вéчно	끊임없이
вéшать (불완료) - повéсить (완료)	걸다
вещь	짐
взрóслый	어른
взять (완료) - брать (불완료) (возьму́, беру́)	잡다
ви́део	비디오
ви́деть (불완료) - уви́деть (완료) (ви́жу, ви́дишь; уви́жу, уви́дишь)	보이다
ви́за	비자
ви́лка	포크
винá	죄
винó	와인
виногрáд	포도
ви́рус	바이러스
висéть	걸려있다
витами́н	비타민
включáть (불완료) - включи́ть (완료) (включáю; включу́)	켜다
вку́сно	맛있다
вку́сный	맛있는
владéние	능력
власть	권력
вмéсте	함께
вмéшиваться (불완료) - вмешáться (완료)	끼어들다
вниз	아래에

внизу́	아래로
внима́ние	주의
внима́тельно	주의 깊게
внима́тельный	주의 깊은
внук	손자
внутри́	안에
вну́чка	손녀
во́время	제 시간에
во вре́мя	~할 때
во-вторы́х	둘째로
вода́	물
води́ть (불완료) (вожу́, во́дишь)	운전하다; 데리고 가다
во́дка	보드카
води́тель	운전사
воева́ть (불완료)	싸우다, 전쟁하다
вое́нный	전쟁의, 군인의
возвраща́ть (불완료) - верну́ть (완료)	돌려주다, 반환하다
возвраща́ться (불완료) - верну́ться (완료)	돌아오다
во́здух	공기
возмо́жно	가능하다
во́зраст	연령
возроди́ться (완료) - возрожда́ться (불완료)	부활하다
война́	전쟁
войти́ (완료) - входи́ть (불완료)	들어가다
вокза́л	기차역
волейбо́л	배구
волк	늑대
волнова́ться (불완료)	걱정하다, 긴장하다
во́лосы (복수) - во́лос (단수)	머리카락
волше́бник	마법사
во́на	원화
вопро́с	질문
восемна́дцать	18

во́семь	8
во́семьдесят	80
восемьсо́т	800
воскресе́нье	일요일
воспале́ние	염증
воспита́ние	양육
воспита́ть (완료) - воспи́тывать (불완료)	양육하다, 교육하다
воспомина́ние	회상
воспринима́ть	받아들이다
восто́к	동쪽
восто́чный	동쪽의, 동양의
восьмо́й	여덟 번째의
вот	바로 저기에 ~이 있다
впервы́е	처음으로
вперёд	앞으로
впереди́	앞에, 장래에
впечатле́ние	인상, 감동
враг	적
врач	의사
вре́дно	해롭다
вре́дный	악한, 안 좋은
вре́мя (중성)	시간
всегда́	항상
Всего́ хоро́шего!	행운을 빕니다!
всё	모든
вслух	소리를 내어
вспомина́ть (불완료) - вспо́мнить (완료)	기억해내다
всплеск	(감정의) 분출
встава́ть (불완료) - встать (완료)	일어나다
встре́тить (완료) - встреча́ть (불완료)	만나다
встре́титься (완료) - встреча́ться (불완료)	만나다
встре́ча	만남
вто́рник	화요일

второ́й	두 번째의
вход	입구
вчера́	어제
вчера́шний	어제의
вы, Вы	너희들, 당신
выбира́ть (불완료) - вы́брать (완료)	고르다, 선택하다
вы́бросить (완료) - выбра́сывать (불완료)	버리다
вы́глаженный	다림질된
вы́годный	유익한
выгоня́ть (불완료) - вы́гнать (완료)	추방하다
вы́думка	창의력
выду́мывать (불완료) - вы́думать (완료)	생각해내다
выезжа́ть (불완료) - вы́ехать (완료)	(타고) 외출하다
вы́звать (완료) - вызыва́ть (불완료)	불러내다
вы́здороветь (완료) - выздора́вливать (불완료)	쾌유하다
вы́играть (완료) - выи́грывать (불완료)	이기다
вы́йти (완료) - выходи́ть (불완료)	나가다, 내리다
вы́кидыш	유산
выключа́ть (불완료) - вы́ключить (완료)	끄다
вы́лечить (완료) - лечи́ть (불완료)	치료하다
вы́мыть (완료) - мыть (불완료)	씻다
выпада́ть (불완료) - вы́пасть (완료)	떨어지다; 빠지다 (치아)
вы́пить (완료) - пить (불완료)	마시다
вы́полнить (완료) - выполя́ть (불완료)	완수하다, 수행하다
выража́ть (불완료) - вы́разить (완료)	나타내다, 표현하다
вы́расти (완료) - выраста́ть (불완료)	성장하다
высо́кий	높은, 키가 큰
высоко́	높게, 높다
вы́ставка	전시회
выступа́ть (불완료) - вы́ступить (완료)	공연하다
выступле́ние	등장, 출연
вы́сший	최고의
вы́учить (완료) - учи́ть (불완료)	배우다, 가르치다, 암기하다

вы́ход	출구; 외출
выходи́ть (불완료) - вы́йти (완료) (выхожу́; вы́йду)	나가다
вы́ше	더 높은
Г	
газ	가스
газе́та	신문
галере́я	화랑, 갤러리
га́лстук	넥타이
гара́ж	차고
гардеро́б	옷장
гвозди́ка	카네이션
где	어디에
где́-нибудь	아무데나
где́-то	어딘가(에)
геморро́й	치질
генера́л	장군
гео́граф	지리학자
географи́ческий	지리학의
геогра́фия	지리학
гео́лог	지질학자
геологи́ческий	지질학의
геоло́гия	지질학
геро́й	주인공; 영웅
гимна́зия	인문계 고등학교
гимна́стика	체조
гита́ра	기타
глава́	우두머리, 정부 지도자
гла́вный	주요한
глаго́л	동사
глаз (단수) - глаза́ (복수)	눈
глубо́кий	깊은
глубоко́	깊게, 깊다
глу́по	어리석다

глу́пость	멍청함
глу́пый	바보 같은
говори́ть (불완료) - сказа́ть (완료)	말하다
год	해, 년
голова́	머리
голо́дный	굶주린
го́лос	목소리
голубо́й	하늘색의; 동성애자 (게이)
голь	가난뱅이
гора́ (단수) - го́ры (복수)	산
горди́ться (горжу́сь, горди́шься)	자랑하다, 과시하다
го́рдый	자랑스러운, 자신만만한
го́ре	슬픔, 비애
горе́ть (불완료) - сгоре́ть (완료)	타다
го́рло	목
го́род	도시
городско́й	도시의
го́рький	쓴
горя́чий	뜨거운
господи́н	~ 씨 (남자 존칭 표현)
госпожа́	~ 양 (여자 존칭 표현)
гостеприи́мный	대접하는
гости́ница	호텔
гость	손님
госуда́рственный	국가의
госуда́рство	국가
гото́в, гото́ва, гото́во, гото́вы	준비됐다
гото́вить (불완료) - пригото́вить (완료)	준비하다
гото́виться	준비하다
гра́дус	도 (온도; 도수)
граждани́н	시민 (남성)
гражда́нка	시민 (여성)
гражда́нство	시민권

грамм	그램
грамма́тика	문법
грани́ца	국경, 경계; 한계
грипп	독감
гро́мкий	소리가 큰
гро́мко	씨끄럽다
гро́мче	소리가 더 큰
гру́бый	거친; 무관심한
грудь	가슴
гру́ппа	그룹
гру́стно	슬프다
гру́стный	슬픈
гря́зно	더럽다
гря́зный	더러운
гуля́ния (복수)	거리 축제
гуля́ть (불완료) - погуля́ть (완료)	산책하다
гуманита́рный	인문의
Д	
да	네
дава́й(те)	어서 하자 (합시다)
дава́ть (불완료) - дать (완료) (даю́; дам)	주다
давно́	오래전에
да́же	심지어 ~하기도 하다
далеко́	멀다
далёкий	먼
да́льний	먼, 오랜
да́льше	더욱 앞으로, 계속해서
да́нные (복수)	정보
дари́ть (불완료) - подари́ть (완료)	선물하다
да́та	날짜
да́ча	별장, 주말농장
два	둘
два́дцать	20

два́жды	두 번
двена́дцать	12
дверь (여성)	문
две́сти	200
дви́гаться (불완료) - дви́нуться (완료)	움직이다, 전진하다
движе́ние	움직임, 동작
дво́е	두 명
дво́йка	2점
двойно́й	2 배의
двор	마당
дворе́ц	궁전
де́вочка	소녀
де́вушка	아가씨
девяно́сто	90
девятна́дцать	19
девя́тый	아홉 번째의
де́вять	9
девятьсо́т	900
де́душка (남성)	할아버지
де́йствие	활동, 행동
действи́тельно	진실로, 참으로
дека́брь (남성)	12월
дека́н	(대학의)학장, 부장
деклара́ция	신고서
де́лать (불완료) - сде́лать (완료)	만들다, 행하다, 하다
делега́ция	대표위원단, 사절단
дели́ть (불완료) - раздели́ть (완료)	나누다, 구분하다
дели́ться (불완료) - раздели́ться (완료)	나누어지다
де́ло	일
демократи́ческий	민주주의의
демонстра́ция	데모, 전시
демонстри́ровать (불완료) - продемонстри́ровать (완료)	보여주다

день (남성)	날, 낮
де́ньги (복수)	돈
депута́т	대의원, 국회의원
держа́ться	지속되다
дере́вня	시골
де́рево (단수) - дере́вья (복수)	나무
держа́ть (불완료) - подержа́ть (완료)	붙잡다
деся́тый	열 번째의
де́сять	10
детекти́в	탐정물
де́ти (복수) - ребёнок (단수)	아이들
де́тский	어린이의
де́тство	어린 시절
деше́вле	더 값싼
дешёвый	값싼, 저렴한
дёшево	값싸다, 값싸게
де́ятель (남성)	사업가, 활동가
джи́нсы (복수)	청바지
диа́гноз	진단
диало́г	대화
дива́н	소파
дикта́нт	받아쓰기
диплома́т	외교관
дире́ктор	지도자, 장
дирижёр	지휘자
диску́ссия	토론, 토의
диссерта́ция	학위 논문
длина́	길이
дли́нный	긴
для	위한
днём	낮에
до	~까지
доба́вить (완료) - добавля́ть (불완료)	더하다

добивáться (불완료) - добúться (완료)	이루다
добротá	친절
дóбрый	착한
довóлен, довóльна, довóльны	만족하다
договáриваться (불완료) - договорúться (완료)	약속하다
доезжáть (불완료) - доéхать (완료) (доезжáю; доéду)	(탈 것을 이용하여)도착하다
дождь	비
дойтú (완료) - доходúть (불완료) (дойдý; дохожý)	(걸어서) 도착하다
доказáть (완료) - докáзывать (불완료) (докажý)	증명하다
доклáд	보고서
дóктор	의사
докумéнт	문서
документáльный	문서의
дóлгий	긴
дóлго	오래
дóлжен, должнá, должны́	~ 해야만 한다
дóллар	달러화
дом	집
дóма	집에서, 집 (생격)
домá	집들
домáшний	집의
домовóй	도깨비
домóй	집으로
домохозя́йка	주부
дорóга	길
дóрого	비싸다
дорóже	더 비싼
дорогóй	비싼; 친애하는
До свидáния!	(작별 인사) 잘 가세요!
дoскá	판자
достáточно	충분하다, 넉넉하다
достáть (완료) - доставáть (불완료) (достáну)	꺼내다

достигáть (불완료) - дости́гнуть (완료)	이르다, 도달하다
достижéние	성취, 업적
достýпность	접근성
дочь (여성)	딸
дрон	드론
друг (단수) - друзья́ (복수)	친구
другóй	다른
дрýжба	우정
дружи́ть (불완료)	친하게 지내다
дрýжный	친한
дубль	한 장면
дубля́ж	더빙
дýмать (불완료) - подýмать (완료)	생각하다
душ	샤워
душá	영혼
душéвный	다정한
дышáть (불완료)	호흡하다
дя́дя (남성)	삼촌, 아저씨
Е	
европéйский	유럽의
его, её	그의, 그녀의
едá	음식
éвро	유로화
ЕГЭ	러시아의 수능
еди́нственный	유일한
еди́ный	단일의
ежегóдно	매년
ежегóдный	매년의
ежеднéвно	매일
ежеднéвный	매일의
éздить (부정향) (éзжу, éздишь, éздят)	타고 가다
éсли	만약에
естéственный	자연적인

есть[1] (불완료)	~이다, 있다, 존재하다
есть[2] (불완료) - съесть (완료)	먹다
éхать (정향) (éду, éдешь)	타고 가다
ещё	아직, 더
Ё	
ёлка	전나무
Ж	
жáлко	불쌍하다, 불쌍하게
жаль	유감이다
жáреный	튀긴
жáрить (불완료) - пожáрить (완료)	굽다, 볶다
жáрко	덥다, 덥게
ждать (불완료) - подождáть (완료)	기다리다
же	과연, 또한
желáние	희망
желáть (불완료) - пожелáть (완료)	원하다
желéзный	철의, 강한
желýдок	위, 위장
женá	아내
женáт	장가갔다
жени́ться (완료)	결혼하다
жени́х	약혼자, 신랑감
жéнский	여자의
жéнщина	여자
жестóкий	잔인한
жёлтый	노란
жив, живá, жи́во, жи́вы	살다
живóй	살아있는
жи́вопись (여, 단수)	미술
живóт	배
живóтное (단수) - живóтные (복수)	동물
жизнь (여)	삶
жи́тель	주민

жить (불완료) (живу́, живёшь)	살다
журна́л	잡지
журнали́ст	기자
З	
за	~뒤에
заба́вный	특이한
заболева́ние	병
зави́вка	파마
зави́симость	중독; 의존
заболе́ть (완료) - боле́ть (불완료)	아프다
забо́титься (불완료) (забо́чусь)	돌보다
заброни́ровать (완료) - брони́ровать (불완료)	예약하다
забыва́ть (불완료) - забы́ть (완료)	잊다
зави́сеть от (불완료) (зави́шу)	~에 달려있다
заво́д	공장
за́втрак	아침식사
за́втракать (불완료) - поза́втракать (완료)	아침먹다
зага́дка	수수께기, 미스터리
загора́ть (불완료) - загоре́ть (완료)	일광욕하다
задава́ть (불완료) - зада́ть (완료)	주다
зада́ние	과제
зада́ча	문제
заи́мствование	차용
зайти́ (완료) - заходи́ть (불완료)	들르다
заказа́ть (완료) - зака́зывать (불완료)	주문하다
зака́нчивать (불완료) - зако́нчить (완료)	끝내다
зака́нчиваться (불완료) - зако́нчиться (완료)	끝나다, 완성되다
заклина́ние	주문, 주술
зако́н	법
закрича́ть (완료) - крича́ть (불완료)	소리를 지르다
закрыва́ть (불완료) - закры́ть (완료)	닫다
закрыва́ться (불완료) - закры́ться (완료)	막히다, 닫히다, 끝나다
закры́т, закры́та, закры́то, закры́ты	닫혀 있다

закури́ть (완료) - заку́ривать (불완료)	담배를 피우기 시작하다
заку́ска	안주; 간식
зал	홀
заме́на	대체
замени́ть (완료) - заменя́ть (불완료)	대체하다
замеча́тельный	훌륭한
замеча́ть (불완료) - заме́тить (완료)	알아채다
заморо́чка	복잡함
за́муж	시집가다
за́мужем	시집갔다
занима́ть (불완료) - заня́ть (완료) (займу́, займёшь)	빌리다, 차지하다
занима́ться (불완료) - заня́ться (완료)	종사하다, 공부하다
за́ново	다시
зано́за	가시
за́нят, занята́, за́нято, за́няты	바쁘다
заня́тие	일
за́пад	서쪽
за́падный	서쪽의
запасно́й	차선의
записа́ть (완료) - запи́сывать (불완료) (запишу́, запи́шешь)	적다, 녹음하다
запи́ска	메모
за́пись	예약
запла́кать (완료) - пла́кать (불완료) (запла́чу)	울다
заплати́ть (완료) - плати́ть (불완료) (заплачу́)	지불하다
запомина́ть (불완료) - запо́мнить (완료) (запо́мню)	외우다
запо́р	변비
запрети́ть (완료) - запреща́ть (불완료) (запреща́ю)	금하다, 말리다
запча́сть	부품
зарегистри́роваться (완료) - регистри́роваться (불완료)	신청하다, 가입하다
зарпла́та	임금
заскочи́ть (완료) - заска́кивать (불완료) (заскочу́)	잠깐 들르다

зарубе́жный	외국의
засмея́ться (완료) - смея́ться (불완료) (смеёшься)	웃기 시작하다
заставля́ть (불완료) - заста́вить (완료) (заставля́ет)	~하게 하다, 시키다
засто́лье	명절식사
зате́м	그래서, 그 다음에
затуши́ть/потуши́ть (완료) - туши́ть (불완료)	사그라들다; (불을) 끄다
захоте́ть (완료) - хоте́ть (불완료) (захочу́; хочу́)	원하다
заче́м	왜, 무슨 이유로
зачёт	쪽지 시험
защити́ть (완료) - защища́ть (불완료)	방어하다
заявле́ние	신청서, 성명서
за́яц	토끼
звать (불완료) - позва́ть (완료) (зову́; позову́)	이름이 ~이다, 부르다
звезда́	별
зверь	짐승
звони́ть (불완료) - позвони́ть (완료) (позвони́шь)	전화하다
звоно́к	종소리, 벨소리
звук	소리
зда́ние	건물
здесь	여기에
здоро́в, здоро́ва, здоро́вы	건강하다
здоро́ваться (불완료) - поздоро́ваться (완료)	인사하다
здоро́вый	건강한
здоро́вье (단수)	건강
здра́вствуй(те)	안녕(하세요)
зелёный	초록색의
землетрясе́ние	지진
земля́	땅; 지구
зе́ркало	거울
зима́	겨울
зи́мний	겨울의
злой	화난
знак	표시

знако́м	알다
знако́мить (불완료) - познако́мить (완료)	소개시키다
знако́миться (불완료) - познако́миться (완료)	알게 되다
знако́мый	아는
знамени́тый	유명한
зна́ние	지식
знать	알다
значе́ние	의미
зна́чить	의미하다
зо́лото	금
золото́й	금의
зонт (зо́нтик)	우산
зоопа́рк	동물원
зри́тель	관객
зуб	이
зубно́й	이의
И	
и	그리고, ~도
игра́	경기; 게임
игра́ть (불완료) - сыгра́ть (완료)	놀다; 연기하다; 연주하다
игру́шка	장난감
иде́я	이념, 생각
идти́ (정향) - ходи́ть (부정향) (иду́; хожу́)	가다, 오다
ие́на	엔화
из	~로부터
изве́стно	유명하게, 유명하다
изве́стный	유명한
извини́(те)	실례(합니다), 미안(합니다)
из-за	~때문에
измени́ть (완료) - изменя́ть (불완료)	바꾸다
измени́ться (완료) - изменя́ться (불완료)	바뀌다, 변화하다
изобража́ть (불완료) - изобрази́ть (완료)	묘사, 표현하다
изуча́ть (불완료) - изучи́ть (완료)	배우다, 연구하다

изуче́ние	연구, 학습
ИИ - иску́сственный интелле́кт	AI - 인공지능
и́ли	혹은
име́ть (불완료)	갖다, 소유하다
импла́нт	임플란트
и́мпорт	수입
и́мя (중성)	이름
индустри́я	산업
инжене́р	엔지니어
иногда́	때때로
иностра́нец	외국인
иностра́нка	외국인 여자
иностра́нный	외국의
институ́т	단과대학; 연구소
инструме́нт	악기; 도구
интере́сно	흥미롭다
интере́сный	재미있는
интересова́ть (불완료) (интересу́юсь)	흥미를 갖게 하다
интересова́ться (불완료)	흥미를 가지다
интерне́т	인터넷
информа́ция (단수)	정보
ипоте́ка	주택 담보 대출
иска́ть (불완료) - поиска́ть (완료) (ищу́, и́щешь)	찾다
исключа́ть (불완료) - исключи́ть (완료)	추방하다
и́скренний	진중한
иску́сство	예술
испо́лниться (완료) - исполня́ться (불완료)	만 ~세가 되다
испо́льзовать (불완료) (испо́льзую)	이용하다, 사용하다
испо́ртиться (완료) - по́ртиться (불완료)	나빠지다
испра́вить (완료) - исправля́ть (불완료)	고치다, 정정하다
иссле́дование	연구
иссле́довать (불완료)	연구하다, 조사하다
исто́рик	역사가

истори́ческий	역사의
исто́рия	역사
ита́к	그리하여, 결국
их	그들, 그들의
ию́ль	7월
ию́нь	6월
Й	
йо́гурт	요구르트
йод	요오드
К	
к	~쪽으로
кабине́т	연구실; 치료실
кавка́зский	카프카스의
ка́ждый	매, 각각의
каза́ться (불완료) - показа́ться (완료) (кажу́сь, ка́жешься, ка́жется)	생각되다, 여겨지다
как	어떻게
как бу́дто	마치 ~인 것처럼
како́в	어떠하다
како́й	어떠한
како́й-нибудь	어떤 것이든지
како́й-то	어떤
календа́рь (남성)	달력
калькуля́тор	계산기
ка́менный	돌의, 석조의
ка́мень (남성)	돌, 석조
кана́л	채널
кани́кулы (복수)	방학
капитали́зм	자본주의
капиталисти́ческий	자본주의의
капу́ста	양배추
каранда́ш	연필
кардио́лог	심장병의사

ка́рта	지도; 카드
карти́на	그림
карто́фель (남성)	감자
ка́рточка	카드, 명함
ка́сса	창구, 매표소
кассе́та	카세트테이프
касси́р	매표원
катастро́фа	참사, 이변
ката́ться (불완료)	타다
кафе́ (불변)	카페
ка́федра	학과
ка́чество	성질; 품질
ка́ша	죽
ка́шель (남성)	기침
кварти́ра	아파트
кефи́р	발효 우유, 케피르
килогра́мм	킬로그램
киломе́тр	킬로미터
кино́ (불변)	영화, 영화관
кинотеа́тр	영화관
кио́ск	가판대
кита́ец	중국인
кита́йский	중국의
китая́нка	중국인 (여성)
класс	반
класси́ческий	클래식의
класть (불완료) - положи́ть (완료) (кладу́, кладёшь; положу́, поло́жишь)	놓다
кли́мат	기후
клише́	클리셰
клуб	클럽; 동아리
ключ	열쇠
кни́га	책

кни́жный	책의
ковёр	카펫
когда́	언제
когда́-нибудь	언젠가
когда́-то	어느 날
кокте́йль	칵테일
колбаса́	깔바사
коли́чество	양
колле́га	동료
ко́лледж	전문 대학교
колле́кция	수집
кольцо́	반지
кома́нда	팀
командиро́вка	출장
комбини́ровать (불완료)	결합하다
коме́дия	코미디
коми́ссия	수수료; 위원회
ко́мната	방
компле́кт	세트
компози́тор	작곡가
компо́т	컴포트 (과일을 물과 설탕으로 끓여 만든 달콤한 음료)
компью́тер	컴퓨터
комфо́ртный	편안한
конве́рт	봉투
конди́терская	베이커리
коне́ц	끝
коне́чно	물론
ко́нкурс	경연; 경쟁
консервато́рия	음악대학
конспекти́ровать (불완료) - законспекти́ровать (완료)	요약하다
конститу́ция	헌법

консульта́ция	상담
конте́нт	컨텐츠
контро́льный	관리의
конфере́нция	학회
конфе́та	사탕
конце́рт	콘서트; 연주회
конча́ть (불완료) - ко́нчить (완료)	끝내다
конча́ться (불완료) - ко́нчиться (완료)	끝나다
коньки́	스케이트
копе́йка	카페이카
копи́ть (불완료) - накопи́ть (완료) (коплю́, ко́пишь)	저축하다
кора́бль	배
коридо́р	복도
кори́чневый	갈색의
корми́ть (불완료) - покорми́ть (완료) (кормлю́, ко́рмишь)	먹이를 주다
коро́бка	상자
коро́ва	소
коро́нка	크라운
коро́ткий	짧은
ко́рпус	동 (건물의 몇 동)
косми́ческий	우주의
космона́вт	우주비행사
ко́смос	우주
костю́м	정장
кот (남)	고양이
котле́та	커틀릿
кото́рый	어떤
ко́фе (불변)	커피
кофе́йня	카페
кошелёк	지갑
ко́шка (여)	고양이
краси́во	예쁘다

краси́вый	예쁜
кра́сный	빨간
Кремль	크렘린
кре́пкий	단단한
кре́пкий чай	(농도가) 진한 차
кре́пче	더 단단한
кре́сло	안락의자
кри́зис	위기
кри́кнуть (완료) - крича́ть (불완료)	소리를 지르다
крите́рий	기준
критикова́ть	비판하다
крова́ть	침대
кровотече́ние	출혈
кровь	피
кро́ме	~외에는
кроссо́вки	운동화
кру́глый	동그란
кру́пный	거대한
круто́й	최고의; 거친
кры́ша	지붕
ксе́рокс	복사기
кто	누구
кто́-нибудь	누구든지
кто́-то	누군가
куда́	어디로
куда́-нибудь	어디라도
куда́-то	어딘가로
кулина́р	요리사
культу́ра	문화
культу́рный	문화의
купа́ться (불완료)	물놀이하다
купи́ть (완료) - покупа́ть (불완료) (куплю́)	사다
кура́нты	자명종

кури́ть (불완료) - покури́ть (완료) (курю́)	담배를 피우다
ку́рица	닭
курс	(대학) 학년
ку́ртка	재킷
ку́хня	부엌
ку́шать (불완료) - поку́шать (완료)	먹다
Л	
лаборато́рия	실험실
лава́ш	라바시
ла́зать	뒤적이다
ла́мпа	전등; 스탠드
ле́вый	왼쪽의
леге́нда	전설
легко́	쉽다
лежа́ть (불완료) (лежу́, лежи́шь)	누워있다, 놓여있다
лека́рство	약
ле́кция	강의
лес	숲
ле́стница	계단
лета́ть (부정향) - лете́ть (정향)	날아가다; 비행기를 타고 가다
ле́тний	여름의
ле́то	여름
ле́том	여름에
лечи́ть (불완료) - вы́лечить (완료)	치료하다
лечь (완료) - ложи́ться (불완료) (ля́гу, ля́жешь; ложу́сь, ложи́шься)	눕다
лёгкий	가벼운; 쉬운
лёд	얼음
лётчик	조종사
ли	인지 아닌지
лимо́н	레몬
лист	나뭇잎; 한 장
литерату́ра	문학

литерату́рный	문학의
литерату́рный язы́к	표준어
лить (불완료) - нали́ть (완료) (налью́; нале́й)	따르다
лифт	엘리베이터
лицо́	얼굴
ли́шний	여분의
лоб	이마
лови́ть (불완료) - пойма́ть (완료) (ловлю́; пойма́ю)	잡다
ло́гика	논리
логи́чный	논리적인
ло́дка	보트
ло́жка	숟가락
лома́ть (불완료) - слома́ть (완료)	부수다
ло́шадь (여성)	말
луна́	달
лу́нный	음력의
лу́чше	더 나은
лу́чший	최고의
лы́жи (복수)	스키
люби́мый	사랑하는, 좋아하는
люби́ть (불완료)	사랑하다, 좋아하다
любо́вь (여성)	사랑
лю́ди (복수) - челове́к (단수)	사람들, 사람
М	
магази́н	가게, 마트, 상점
маги́ческий	마술의
магнитофо́н	카세트
май	5월
мал	작다, 적다
ма́ленький	작은
ма́ло	적다, 적게
матра́с (матра́ц)	매트리스
ме́ньше	더 작은

ма́льчик	소년
ма́ма	엄마
манга́л	그릴
мандари́н	귤
марафо́н	마라톤
ма́рка	우표
март	3월
маршру́т	통행로; 코스
ма́ска	마스크
ма́сло	버터, 기름
ма́стер	명인, 거장
мат	욕
матема́тик	수학자
матема́тика	수학
математи́ческий	수학의
матч	경기, 시합
мать (여성)	어머니
маши́на	자동차
ме́бель (여성)	가구
медве́дь (남성)	곰
медве́жья услу́га	불필요한 참견
медици́на	의학
медици́нский	의학의
ме́дленно	늦다, 느리게
ме́дленный	느린
медсестра́	간호사
ме́жду	사이에, 중간에
междунаро́дный	국제적인
мело́дия	선율, 곡조, 멜로디
ме́неджер	매니저
ме́нее	더 작은, 더 적은
ме́ньше	더 작게, 더 작다
меньшинство́	소수

менять (불완료) - поменять (완료)	바꾸다
мерить (불완료) - померить (완료)	치수를 재다
место	자리
месяц	달
месячный	한달의
месячные (복수)	생리
металл	금속
метр	미터
метро (불변)	지하철
мечта	소원
мечтать (불완료)	희망하다
мешать (불완료) - помешать (완료)	방해하다
мёртвый	죽은
миллиард	10억
миллион	백만
милый	사랑스러운
мимо	… 옆을
министр	장관
минус	마이너스
минута	분
мир	세계; 평화
мирный	평화로운
мировой	세계의
митинг	집회
миф	신화
младший	어린
мнение	의견
многие (복수)	많은, 대부분
много	많다
могила	무덤
модель (여성)	모형; 모델
модный	유행의
может быть	어쩌면, 아마도

мо́жно	할 수 있다, 해도 된다
мой	나의
мо́крый	습한, 젖은
молоде́ц	훌륭한 사람, 잘했어
молодёжный	젊은이의
молодёжь (여성, 단수)	젊은이
молодо́й	젊은
мо́лодость (여성, 단수)	젊음
моло́же	더 젊은
молоко́	우유
моло́чный	우유의; 유치 (치아)
молча́ть (불완료) - замолча́ть (완료) (молчи́шь; замолчи́)	침묵하다
моме́нт	순간
моне́та	동전
мо́ре	바다
моро́женое	아이스크림
моро́з	영하, 추위
морско́й	바다의, 해양의
моря́к	수병, 해병
москви́ч	모스크바 사람
москви́чка	모스크바 여자
моско́вский	모스크바의
мост	다리
моте́ль	모텔
мочь (불완료) - смочь (완료) (могу́, мо́жешь; смогу́, смо́жешь)	할 수 있다
МРТ - магни́тно-резона́нсная томогра́фия	MRI
муж	남편
му́жественный	용기 있는, 남자다운
му́жество	용기
мужско́й	남성의
мужчи́на (남성)	남자

музéй	박물관
мýзыка	음악
музыкáльный	음악의
музыкáнт	음악가
мультфи́льм	만화영화
мю́сли	뮤슬리
мы	우리
мы́ло	비누
мысль (여성)	생각, 사상
мыть (불완료) - вы́мыть, помы́ть (완료) (мóю; помóешь; помóй)	씻다
мы́ться (불완료) - вы́мыться, помы́ться (완료)	(자신을) 씻다
мышь	쥐; 마우스
мя́гкий	부드러운, 편안한
мя́гче	더 부드러운, 더 편안한
мя́со	고기
мяч	공
Н	
на	~위에, ~에서, ~로
наблюдáть (불완료)	관찰하다
навéрное	아마도
навéрх	위로, 위쪽으로
наверхý	위에
навещáть (불완료) - навести́ть (완료)	방문하다
нáволочка	베개커버
навсегдá	영원히
навстрéчу	~을 향해서
наград́а	포상, 보수
над, нáдо	~의 위에
надевáть (불완료) - надéть (완료) (надéну)	입다, 몸에 걸치다
надéжда	희망, 소망
надéяться (불완료) (надéюсь)	희망하다
нáдо	해야 한다

на́дпись	표시
нажима́ть (불완료) - нажа́ть (완료) (нажму́; нажми́)	누르다
наза́д	~전에
назва́ние	이름, 명칭
назва́ть (완료) - называ́ть (불완료)	부르다, 명명하다
назначе́ние	처방
называ́ться (불완료) - назва́ться (완료)	(물건이) ~라고 불리다
наибо́лее	가장, 특히, 제일
наизу́сть	암기하여
найти́ (완료) - находи́ть (불완료) (найду́)	발견하다
наконе́ц	마침내
нале́во	왼쪽으로
намно́го	훨씬, 굉장히 많이
наоборо́т	반대로, 거꾸로
напада́ть (불완료) - напа́сть (완료)	공격하다
напеча́тать (완료) - печа́тать (불완료) (напеча́тай)	게재하다
написа́ть (완료) - писа́ть (불완료) (напишу́)	쓰다
напомина́ть (불완료) - напо́мнить (완료) (напомина́ю; напо́мни)	상기시키다
направле́ние	방향
напра́во	오른쪽으로
наприме́р	예를 들면
напро́тив	맞은편에
нарисова́ть (완료) - рисова́ть (불완료)	그림을 그리다
нарко́з	마취상태; 마취제
наро́д	민중, 대중; 민족
наро́дный	민중의
наруша́ть (불완료) - нару́шить (완료)	위반하다
населе́ние	주민, 인구
наско́лько	얼마만큼, 어느 정도
на́сморк	코감기
настрое́ние	기분

наступа́ть (불완료) - наступи́ть (완료)	도래하다
нау́ка	과학
научи́ть (완료) - учи́ть (불완료)	가르치다, 배우게 하다
нау́читься (완료) - учи́ться (불완료)	공부하다
нау́чный	과학의
находи́ться (불완료) - найти́сь (완료)	위치하다
национа́льный	민족의
нача́ло	시작
нача́ть (완료) - начина́ть (불완료) (начни́; начина́й)	시작하다
нача́ться (완료) - начина́ться (불완료)	시작되다
наш, на́ша, на́ше, на́ши	우리의
не	아니다
не́бо	하늘
неве́ста	약혼녀
невозмо́жно	불가능하다
не́где	~할 곳(장소)이 없다
неда́вно	얼마 전에
недалеко́	멀지 않다, 멀지 않은
неде́ля	일주일
незави́симость (여성)	독립
не́когда	시간이 없다
не́который	일부; 약간의
не́куда	~갈 곳이 없다
нельзя́	금지하다
неме́дленно	신속하게
необходи́мо	필수적이다
необыкнове́нный	보통이 아닌, 이상한
неожи́данно	뜻밖에
непреры́вно	계속해서
непристо́йный	무례한
неприя́тность (여성)	불쾌
не́рвный	신경의

нéсколько	몇몇의
несмотря́ на ~	~에도 불구하고
нести́ (정향) - носи́ть (부정향) (несу́, несёшь; ношу́, нóсишь)	가지고 가다
несчáстный	불행한
несчáстье	불행
нет	없다, 아니다
не тóлько ~, но и ~	~ 뿐만 아니라 ~ 도
неужéли	과연
нефть (여성)	석유
нéчего	아무 것도 없다
ни	~것도 없다
нигдé	그 어디에도 없다
ни́же	아래에
ни́жний	아래의
ни́зкий	낮은
никогдá	결코 ~하지 않는다
никтó	그 누구도
никудá	그 어디로도
ничегó	아무것도
ничéй, ничья́, ничьё, ничьи́	그 누구의 것도
но	그러나
новогóдний	신년의
нóвости (복수)	뉴스
нóвый	새로운
ногá	다리
нож	칼
ноль	0
нóмер	번호; 객실
нóрма	규범
нормáльно	정상적으로
нос	코
носи́ть (ношу́, нóсишь)	입다; 가져가다

носи́тель (языка́)	원어민
носки́ (복수) - носо́к (단수)	양말
ночёвка	외박
ночно́й	밤의
ночь (여성)	밤
но́чью	밤에
ноя́брь (남성)	11월
нра́виться (불완료) - понра́виться (완료) (нра́влюсь, нра́вишься)	마음에 들다
ну	자, 그래
ну́жен, нужна́, ну́жно, нужны́	필요하다
ну́жно	필요하다
О	
о, об, обо	~에 대해서
обе́д	점심식사
обе́дать (불완료) - пообе́дать (완료)	점심 먹다
обеща́ть (불완료) - пообеща́ть (완료)	약속하다
оби́деть (완료) - обижа́ть (불완료)	무례하게 하다, 화나게 하다
оби́деться (완료) - обижа́ться (불완료)	모욕을 느끼다, 화를 내다
облада́ть (불완료)	갖다, 점유하다
о́блако	구름; 클라우드
о́бласть (여성)	영역
обма́нщик	사기꾼
обма́нывать (불완료) - обману́ть (완료)	기만하다
обме́н	교환
обнови́ть (완료) - обновля́ть (불완료)	최신화하다
обойти́ (완료) - обходи́ть (불완료)	둘러보다
обра́довать (완료) - ра́довать (불완료)	기쁘게 하다, 즐겁게 하다
обра́доваться (완료) - ра́доваться (불완료)	기뻐하다
образе́ц	견본, 모형
образова́ние	교육, 교양
обрати́ть (완료) - обраща́ть (불완료)	방향을 돌리다; 변경하다
обрати́ться (완료) - обраща́ться (불완료)	~쪽을 향하다; 호소하다

обря́д	관례
обсле́дование	검사
обсуди́ть (완료) - обсужда́ть (불완료)	심의하다
о́бувь (여성, 단수)	신발
обуча́ть (불완료) - обучи́ть (완료)	교육하다
обуче́ние	교육
общежи́тие	기숙사
обще́ственный	사회의
о́бщество	사회
о́бщий	일반의, 공통의
объедини́ть (완료) - объединя́ть (불완료)	연합, 단결시키다
объяви́ть (완료) - объявля́ть (불완료)	널리 알리다, 공고하다
объявле́ние	공고; 안내
объясне́ние	설명
объясня́ть (불완료) - объясни́ть (완료)	설명하다
обыкнове́нный	평범한, 일반적인
обы́чай	풍속
обы́чно	보통, 일반적으로
обы́чный	보통의, 일반의
обя́зан, обя́зана, обя́зано, обя́заны	의무가 있다
обяза́тельно	꼭, 반드시
о́вощи (복수)	채소
овощно́й	채소의
овца́	양
ого́нь (남성)	불
ограниче́ние	제한
огро́мный	거대한
огуре́ц	오이
одева́ть (불완료) - оде́ть (완료)	옷을 입히다
одева́ться (불완료) - оде́ться (완료)	옷을 입다
оде́жда (단수)	옷
оди́н, одна́, одно́, одни́	1; 혼자
одина́ковый	같은, 동일한

оди́ннадцать	11
одна́жды	어느 날
одна́ко	그러나, 하지만
одногру́ппник	동기
о́зеро	호수
оказа́ться[1] (완료) - ока́зываться (불완료)	(어떤 곳에)나타나다, 있다
оказа́ться[2] (완료) - ока́зываться (불완료)	밝혀지다, 판명되다
ока́нчивать (불완료) - око́нчить (완료)	졸업하다; 마치다
ока́нчиваться (불완료) - око́нчиться (완료)	마치다, 끝나다
океа́н	대양
окно́	창문
о́коло	옆에서, 근처에; 약
оконча́ние	종료; 어미
октя́брь (남성)	10월
он, она́, оно́, они́	그, 그녀, 그것, 그들
опа́здывать (불완료) - опозда́ть (완료)	늦다
опа́сно	위험하다
опа́сность (여성)	위험
опа́сный	위험한
о́пера	오페라
опера́ция	수술; 작전
опи́сывать (불완료) - описа́ть (완료)	묘사하다, 서술하다
опла́та	지불
оптими́ст	낙천주의자
о́пыт	경험
о́пытный	경험 있는
опя́ть	다시
о́рган	기관
организа́ция	구성, 조직
организова́ть (완료) - организо́вывать (불완료)	조직하다
оригина́льный	본래의, 고유의
ору́жие (단수)	무기
освобожда́ть (불완료) - освободи́ть (완료)	해방하다; 비우다

осéнний	가을의
óсень	가을
óсенью	가을에
осмáтривать (불완료) - осмотрéть (완료)	검사하다; 조사하다
основáтель	창립자
основáть	창립하다
основнóй	주요한
осóбенно	특히
осóбенность	특징
осóбый	특별한
осóзнанно	의식적으로
оставáться (불완료) - остáться (완료)	남다
оставля́ть (불완료) - остáвить (완료)	남겨두다
остальнóй	남은
останáвливать (불완료) - останови́ть (완료)	멈추게 하다
останáвливаться (불완료) - останови́ться (완료)	멈추다
останóвка	정류장
осторóжно	조심하다
óстров	섬
óстрый	매운; 뾰족한
от	~로부터
отбы́тие	출발
отвéт	답
отвечáть (불완료) - отвéтить (완료) (отвечáй)	답하다
отдавáть (불완료) - отдáть (완료) (отдáм)	돌려주다
óтдых	휴식
отдыхáть (불완료) - отдохну́ть (완료)	쉬다
отéц	아버지
отéчественный	국내의
отказáться (완료) - откáзываться (불완료)	거절하다
откровéнный	노골적인
открывáть (불완료) - откры́ть (완료)	열다
открывáться (불완료) - откры́ться (완료)	열리다

откры́т	열린
откры́тие	발견
откры́тка	엽서
отку́да	어디로부터
отли́чно	완벽하다
отме́тка	학점; 표시
отмеча́ть (불완료) - отме́тить (완료)	기념하다
отнима́ть (불완료) - отня́ть (완료)	빼앗다
относи́ться к	대하다
отноше́ние	관계
о́тпуск	휴가
отравле́ние	식중독
отста́лый	뒤떨어진
отсю́да	여기서부터
отту́да	거기서부터
отходи́ть (불완료) - отойти́ (완료) (отойду́; отойди́)	물러서다
о́тчество	부칭
отъе́зд	출발
офице́р	장교
официа́льный	공식적인
официа́нт	점원
оформля́ть (불완료) - офо́рмить (완료)	형성하다
офтальмо́лог	안과의사
охо́тничий	사냥의
оце́нивать (불완료) - оцени́ть (완료)	평가하다; 값을 부르다
оце́нка	성적
о́чень	매우
о́чередь	줄; 순서
очки́	안경
ошиба́ться (불완료) - ошиби́ться (완료)	실수하다
оши́бка	실수
П	

пáдать (불완료) - упáсть (완료)	떨어지다
падéж	격
палáта	병실
пáлец	손가락
пальтó	외투
пáмятник	기념비
пáмять	기억
пáпа	아빠
пáра	강의; 커플
перехóд	교체; 건넘
парк	공원
парлáмент	국회
пáртия	당
пáспорт	여권
пассажи́р	승객
пáфос	겉치레
певéц	가수
певи́ца	여자 가수
педагоги́ческий	교육의
педиáтр	소아과의사
пенсионéр	연금 수급자
пенсионéрка	여자 연금 수급자
пéнсия	연금
пéпел	재
пéрвый	첫번째의
перебрáть (완료) - перебирáть (불완료)	조립하다
перевóд	번역
переводи́ть (불완료) - перевести́ (완료)	번역하다
перевóдчик	번역가
перевози́ть (불완료) - перевезти́ (완료)	운반하다
переги́б	오버, 도를 지나침
переговóры (복수)	교섭, 담판
пéред	앞에, 면전에

передава́ть (불완료) - переда́ть (완료) (переда́й)	주다, 방송하다
переда́ча	방송
переезжа́ть (불완료) - перее́хать (완료)	이사하다
перезагружа́ть (불완료) - перезагрузи́ть (완료)	다시 시작하다
перейти́ (완료) - переходи́ть (불완료)	건너가다; 옮기다
переку́сывать (불완료) - перекуси́ть (완료)	요기하다
перенести́ (완료) - переноси́ть (불완료)	운반하다
переночева́ть (완료)	하룻밤 자다
переры́в	휴식시간
переса́дка	환승
перестава́ть (불완료) - переста́ть (완료)	중지하다, 그만두다
переу́лок	골목길
перехо́д	건널목
перча́тки (복수) - перча́тка (단수)	장갑
пе́сня	노래
песо́к	모래
пессими́ст	비관론자
петь (불완료) - спеть (완료)	노래하다
печа́тать (불완료) - напеча́тать (완료)	인쇄하다; 게재하다; 출판하다
пече́нье	과자
печь (불완료) - испе́чь (완료)	굽다
пешко́м	걸어서
пиани́но (불변)	피아노
пи́во (불변)	맥주
пиро́г	파이
пиро́жное	조각케이크
писа́тель (남성)	작가
писа́ть (불완료) - написа́ть (완료) (напишу́; напиши́)	쓰다
письмо́	편지
пить (불완료) - вы́пить (완료) (пью, пьёшь; вы́пью, вы́пьешь)	마시다
пи́цца	피자

пищевóй	식료품의
плáвать (불완료)	수영하다
плáкать (불완료) - заплáкать (완료) (плáчу; заплáчу)	울다
план	플랜, 계획
планшéт	태블릿
плáстырь	반창고
плати́ть (불완료) - заплати́ть (완료) (плачý; заплачý)	지불하다
платóк	스카프, 손수건
платфóрма	승강장; 플랫폼
плáтье	원피스
плáщ	외투, 비옷
плóмба	충전물
плóтно	꽉(조이게); 배부르게 (먹다)
плóхо	나쁘다, 나쁘게
плохóй	나쁜
плóщадь (여성)	광장
плыть (불완료)	수영하다
плюс	플러스
по	~까지(포함), ~을 수단으로
гуля́ть по ýлице	거리를 따라 걷다
учéбник по истóрии	역사 교과서
отдыхáть по втóрникам	화요일마다 쉬다
слýшать по телефóну	휴대폰을 통해 듣다
по-англи́йски	영어로
побéда	승리
победи́ть (완료) - побеждáть (불완료)	승리하다
поблагодари́ть (완료) - благодари́ть (불완료)	감사하다
побри́ться (완료) - бри́ться (불완료) (побрéюсь; брéюсь; побрéйся)	면도하다
побывáть (완료) - бывáть (불완료)	머무르다, 다니다
повéрить (완료) - вéрить (불완료)	믿다

повтори́ть (완료) - повторя́ть (불완료)	반복하다
по́вод	이유
повседне́вный	일상의
погиба́ть (불완료) - поги́бнуть (완료)	파멸하다
поговóрка	관용구
погóда	날씨
под	~의 밑에서, 아래에
подари́ть (완료) - дари́ть (불완료)	선물하다
пода́рок	선물
подготóвиться (완료) - готóвиться (불완료)	준비하다
подготóвка	준비
подгу́зник	기저귀
поддава́ться (불완료) - подда́ться (완료)	~에 굴복하다
подже́чь (완료) - поджига́ть (불완료)	태우다
поднима́ть (불완료) - подня́ть (완료)	들어올리다
поднима́ться (불완료) - подня́ться (완료)	오르다
поднóс	쟁반
пододея́льник	이불커버
подожда́ть (완료) - ждать (불완료) (подожду́; жду)	기다리다
подойти́ (완료) - подходи́ть (불완료) (подойди́)	접근하다
подписа́ть (완료) - подпи́сывать (불완료) (подпишу́; подпиши́)	서명하다
подру́га	여자친구
подсади́ть (완료) - подса́живать (불완료)	중독시키다
подсе́сть (완료)	중독되다; 옆에 앉다
поду́мать (완료) - ду́мать (불완료)	잠깐 생각하다, 생각하다
подъезжа́ть (불완료) - подъе́хать (완료) (подъезжа́й; подъе́ду)	타고 다가가다
пожа́р	화재
пóезд	기차
пое́здка	여행
пое́сть (완료) - есть (불완료) (пое́шь)	먹다

поéхать (완료) (поéду, поéдешь)	타고 출발하다
пожáлуйста	제발
пожени́ться (완료)	결혼하다
позáвтракать (완료) - зáвтракать (불완료)	아침을 먹다
позавчерá	그저께
позвáть (완료) - звать (불완료) (позову, позовёшь; позови́)	부르다
позвони́ть (완료) - звони́ть (불완료) (позвоню́; позвони́)	전화하다
пóздно	늦다
поздорóваться (완료) - здорóваться (불완료) (поздорóвайся)	인사를 나누다
поздрáвить (완료) - поздравля́ть (불완료) (поздравля́ю; поздрáвь)	축하하다
позициони́ровать	자리매김하다
познакóмиться (완료) - знакóмиться (불완료)	사귀다, 인사하다
поймка	체포
пойти́ (완료)	출발하다
покá	~하는 동안에, 사이에
Покá!	작별인사 (잘 가!)
показáть (완료) - покáзывать (불완료) (покажу́; покажи́)	제시하다, 보여주다
покорми́ть (완료) - корми́ть (완료)	양육하다, 먹이를 주다
покупáтель (남성)	구매자
покупáть (불완료) - купи́ть (완료)	구입하다
пол	바닥; 성
полагáть (불완료)	생각하다
пóле	들판
полéзно	유용하다
полéзный	유용한
полетéть (완료) - летéть (불완료) (полечу́; лечу́)	날다; 비행기를 타다
поликли́ника	병원
пóлис	증서
политехни́ческий	종합기술의

поли́тика	정치
полити́ческий	정치의
полице́йский	경찰관
поли́ция	경찰
по́лка	선반
полноце́нный	표준의
по́лный	완전한
полови́на	반틈
положи́ть (완료) - кла́сть (불완료) (положу́, поло́жишь; кладу́, кладёшь; положи́)	놓다
полоте́нце	수건
полтора́	1과 ½
получа́ть (불완료) - получи́ть (완료) (получу́, полу́чишь)	받다
полюби́ть (완료) - люби́ть (불완료) (полю́бишь; люблю́, лю́бишь)	좋아하다
по́льзоваться (불완료) (по́льзуюсь)	이용하다, 사용하다
поменя́ть (완료) - меня́ть (불완료)	교환하다
поме́рить (완료) - ме́рить (불완료)	치수를 재다
помеша́ть (완료) - меша́ть (불완료)	방해하다
помидо́р	토마토
помі́нки (복수)	제사
по́мнить (불완료)	기억하다
помога́ть (불완료) - помо́чь (완료)	돕다
по-мо́ему	내 생각에는
помо́щник	도우미
по́мощь (여성)	도움
понеде́льник	월요일
понима́ть (불완료) - поня́ть (완료)	이해하다
поно́с	설사
понра́виться (완료) - нра́виться (불완료)	마음에 들다
поня́тно	이해되다
поня́ть (완료) - понима́ть (불완료)	이해하다

пообе́дать (완료) - обе́дать (불완료)	점심을 먹다
пообеща́ть (완료) - обеща́ть (불완료)	약속하다
по-пре́жнему	이전처럼
попро́бовать (완료) - про́бовать (불완료)	시도하다; 먹어보다
попроси́ть (완료) - проси́ть (불완료)	요청하다
попроща́ться (완료) - проща́ться (불완료)	작별하다
популя́рный	인기있는
пора́	때, 시기
пораже́ние	패배
поро́г	문턱
порт	항구
портре́т	초상화
по-ру́сски	러시아어로
посвящённый	~에 관한
посети́ть (완료) - посеща́ть (불완료)	방문하다
посиде́лка	(간단한) 모임
посиде́ть (완료)	잠시 앉아있다
посла́ние	(깊은) 의미
посла́ть (완료) - посыла́ть (불완료) (пошлю́, пошлёшь; пошли́)	보내다
по́сле	후에
после́дний	마지막의
послеза́втра	모레
посло́вица	속담
послу́шать (완료)	잠깐 듣다
посмотре́ть	잠깐 보다
посове́товать (완료) - сове́товать (불완료) (посове́туй)	충고하다
посо́льство	대사관
пост	단식
поста́вить (완료) - ста́вить (불완료) (поста́вь)	세우다
постара́ться (완료) - стара́ться (불완료) (постара́юсь, постара́ешься)	노력하다

постоя́нно	끊임없이, 부단히
постро́ить (완료) - стро́ить (불완료)	건축하다, 짓다
поступа́ть (불완료) - поступи́ть (완료)	입학하다
посыла́ть (불완료) - посла́ть (완료)	보내다
посы́лка	소포
по-тво́ему	네 생각에는
потеря́ть (완료) - теря́ть (불완료)	잃다
потоло́к	천장
пото́м	그 다음에
потому́ что ~	왜냐하면
потра́тить (완료) - тра́тить (불완료) (тра́чу, тра́тишь; потра́ть)	소비하다
потре́бовать (완료) - тре́бовать (불완료) (тре́бую, тре́буешь)	요구하다
поу́жинать (완료) - у́жинать (불완료)	저녁을 먹다
похвали́ть (완료) - хвали́ть (불완료)	칭찬하다
похо́ж, похо́жа, похо́же, похо́жи на	~와 같은
похо́же	~처럼 들리다
по́хороны (복수)	장례식
поцелова́ть (완료) - целова́ть (불완료) (поцелу́й)	키스하다
почему́	왜
почини́ть (완료) - чини́ть (불완료)	고치다
по́чта	우체국
почти́	거의
почу́вствовать (완료) - чу́вствовать (불완료)	느끼다
пошути́ть (완료) - шути́ть (불완료)	장난치다
поэ́зия (단수)	시
поэ́т	시인
поэ́тому	그래서
появи́ться (완료) - появля́ться (불완료)	나타나다
прав, права́, пра́вы	옳다
пра́вда	사실
пра́вило	규칙

пра́вильно	올바르게
прави́тельство	정부
правосла́вный	정교회
пра́вый	옳은, 오른쪽의
пра́здник	기념일
пра́ктика	연습
практи́ческий	실천적인, 실제의
предвзя́тый	선입견의
пре́дки (복수) - пре́док (단수)	선조
предлага́ть (불완료) - предложи́ть (완료)	신청하다, 제안하다
предло́г	전치사
предложе́ние	제안, 신청, 문장
предме́т	과목
предпочте́ние	선호
представи́тель (남성)	대표자
пре́жде чем	하기에 앞서
президе́нт	대통령; 사장
прекра́сно	뛰어나게, 훌륭하게
прекра́сный	아름다운, 훌륭한
пре́мия	상
преподава́тель (남성)	교수
преподава́тельница	여자 교수
преподава́ть (불완료)	가르치다
прибы́тие	도착
привезти́ (완료) - привози́ть (불완료)	날라오다; 수업하다
привести́ (완료) - приводи́ть (불완료)	데리고 오다
Приве́т!	반말 인사 (안녕!)
привлека́ть (불완료) - привле́чь (완료)	끌어당기다
приводи́ть (불완료) - привести́ (완료)	데리고 오다
привыка́ть (불완료) - привы́кнуть (완료)	익숙해지다
пригласи́ть (완료) - приглаша́ть (불완료)	초대하다
пригото́вить (완료) - гото́вить (불완료)	준비하다; 요리하다
пригуби́ть (완료)	입술을 대다

придýмать (완료) - придýмывать (불완료)	생각해내다
приéзд	도착
приезжáть (불완료) - приéхать (완료)	도착하다
приём	진찰, 진료
прийти́ (완료) - приходи́ть (불완료)	오다, 도착하다
приказáть (완료) - прикáзывать (불완료)	명령하다, 지시하다
прилагáтельное	형용사
прилетáть (불완료) - прилетéть (완료)	날아오다
примéр	예, 보기
примéта	징조
принадлежáть (불완료)	~에 속하다
принести́ (완료) - приноси́ть (불완료)	가져오다
принимáть (불완료) - приня́ть (완료)	받아들이다; 복용하다
прирóда	자연
прислáть (완료) - присылáть (불완료)	보내오다
причи́на	이유
прия́тно	유쾌하다
прия́тный	유쾌한
прóбка	교통체증
проблéма	문제
провáл	실패
провéрить (완료) - проверя́ть (불완료)	조사하다, 검사하다
провéрка	시험
провести́ (완료) - проводи́ть (불완료)	시간을 보내다
провожáть (불완료) - проводи́ть (완료)	이끌다, 실행하다
прогрáмма	프로그램 방송; 컴퓨터 프로그램
прогрéсс	진보, 향상
прогýлка	산책
продавáть (불완료) - продáть (완료)	팔다
продавéц	판매원
продавщи́ца	여자 판매원
продолжáть (불완료) - продóлжить (완료)	계속하다
продолжáться (불완료)	계속되다

продýкты (복수)	식료품
проезжáть (불완료) - проéхать (완료)	통과하다
прожи́ть (완료) - проживáть (불완료)	일정기간 살다, 체류하다
проигрáть (완료) - прои́грывать (불완료)	지다
произведéние	작품
производи́ть (불완료) - произвести́ (완료)	행하다; 생산하다
пройти́ (완료) - проходи́ть (불완료)	지나가다; (시간이)흐르다
проклáдка	생리대
промы́шленность (여성)	산업
промы́шленный	산업의
пропускáть (불완료) - пропусти́ть (완료)	건너뛰다
проси́ть (불완료) - попроси́ть (완료)	요청하다
проспéкт	대로
прости́ть (완료) - прощáть (불완료)	용서하다
простóй	단순한
простуди́ться (완료) - простужáться (불완료)	감기에 걸리다
простыня́	침대시트
просыпáться (불완료) - проснýться (완료)	잠을 깨다
прóтив	~ 에 반대하여
профéссия	직업
профéссор	교수
прохóжий	행인
прохлáдно	서늘하다
процéнт	퍼센트
процéсс	과정, 경로
прочитáть (완료) - читáть (불완료)	읽다
прóчный	완전한
прóшлый	지난
прощáться (불완료) - попрощáться (완료)	작별하다
пры́гать (불완료) - пры́гнуть (완료)	뛰다
пря́мо	똑바로; 곧게
психóлог	심리학자
психологи́ческий	심리적인

психоло́гия	심리학
пти́ца	새
пусто́й	빈, 공허한
пусть	하게 하라
путеше́ственник	여행자
путеше́ствие	여행
путеше́ствовать (불완료)	여행하다
путь (남성)	길, 도로
пыта́ться (불완료) - попыта́ться (완료)	애쓰다
пье́са	희곡
пятёрка	5점 (학교에서 만점)
пятна́дцать	15
пя́тница	금요일
пя́тый	다섯 번째의
пять	5
пятьдеся́т	50
пятьсо́т	500
Р	
рабо́та	일, 직장
рабо́тать (불완료)	일하다
рабо́тник	직원
рабо́чий (명사, 형용사)	노동자; 일의
ра́вен	평등하다
рад, ра́да, ра́ды	기쁘다
ра́дио (불변)	라디오
ра́довать (불완료) - обра́довать (완료)	기쁘게 하다, 즐겁게 하다
ра́доваться (불완료) - обра́доваться (완료)	기뻐하다
ра́дость (여성)	기쁨
раз	번, 회
разбира́ть (불완료) - разобра́ть (완료)	분해하다
разбира́ться (불완료) - разобра́ться (완료)	정리하다; 해결하다
ра́зве	과연 ~일까, 정말로
развива́ться (불완료) - разви́ться (완료)	발달하다

развúтие	발달
развóд	이혼
разговáривать (불완료)	이야기를 하다
разговóр	대화
разлýка	이별
размéр	크기, 넓이
рáзница	차이
рáзный	다양한, 여러
разрешáть (불완료) - разрешúть (완료)	허락하다
райóн	구역, 지역
ракéта	로켓
рамён	라면
рáно	일찍
рáньше	예전에, 이전에
расписáние	시간표
распаковáть (완료) - распакóвывать (불완료)	(포장을) 개봉하다
расскáз	이야기, 단편
рассказáть (완료) - расскáзывать (불완료)	이야기하다
растú (불완료) - вы́расти (완료)	자라다
ребёнок	어린이
Ребя́та! (복수)	여러분!
революцúя	혁명
регуля́рно	규칙적으로
рéдкий	드문
рéдко	드물다, 드물게
режиссёр	감독
рéзать (불완료)	자르다
нарéзать (хлеб)	(빵을) 자르다
отрéзать (от цéлой чáсти кусóк)	(한 조각을) 떼어내다
порéзать (пáлец)	(손가락을) 베다
разрéзать (пополáм)	(반으로) 나누다
результáт	결과
рекá	강

ре́ктор	대학 총장
рели́гия	종교
ремо́нт	수리
респу́блика	공화국
рестора́н	식당
реце́пт	처방전; 레시피
речь	말
реша́ть (불완료) - реши́ть (완료)	해결하다, 결정하다
рис (단수)	쌀
рисова́ть (불완료) - нарисова́ть (완료)	그림을 그리다
рису́нок	그림
ритуа́л	의식
ро́вно	평등하게, 정확하게
род	성
ро́дина	조국
роди́тели (복수) - роди́тель (단수)	부모
роди́ться (완료) - рожда́ться (불완료)	태어나다
родно́й	조국의, 고향의
ро́дственник	친척
рожде́ние	출생
Рождество́	크리스마스
ро́за	장미
ро́зовый	장밋빛의
роль (여성)	역할
рома́н	장편소설
росси́йский	러시아의
рот	입
роя́ль (남성)	그랜드 피아노
руба́шка	셔츠
рубль (남성)	루블화
руга́ть (불완료)	혼내다
рука́	손, 팔
руководи́тель (남성)	지도자

руководи́ть (불완료)	지도하다
рули́ть	운전하다; 선도하다
ру́сский (명사; 형용사)	러시아인; 러시아인의
ру́сский	러시아의
ру́сско-англи́йский	러-영의
ру́чка	볼펜
ры́ба	생선
рыба́к	어부
ры́нок	시장
ряд	열, 줄
ря́дом	근처에, 나란히
С	
с (со)	~로부터, ~와 함께
сад	정원
сади́ться (불완료) - сесть (완료) (ся́ду; сади́сь; сядь)	타다; 앉다
сала́т	샐러드
салю́т	경례, 예포, 축포
сам, сама́, само́, са́ми	자신, 직접, 스스로
самова́р	러시아 주전자
самолёт	비행기
самостоя́тельно	스스로
са́мый	가장
сантиме́тр	센티미터
сапоги́ (복수) - сапо́г (단수)	장화, 부츠
са́хар	설탕
сбере́чь (완료) - бере́чь (불완료)	소중히 하다, 보관하다
сбыва́ться (불완료) - сбы́ться (완료)	일어나다
сва́дьба	결혼식
свали́ть (완료) - вали́ть (불완료)	넘어뜨리다
све́жий	신선한
све́рстник	동갑
свет	빛
све́тлый	밝은

свида́ние	면회; 데이트
свисте́ть (불완료) - сви́стнуть (완료)	휘파람 불다
сви́тер	스웨터
свобо́да	자유
свобо́ден, свобо́дна, свобо́дно, свобо́дны	자유롭다
свобо́дный	자유로운
свой	자신의
связь (여성)	관계, 연관
сгла́зить	재수 없게 만들다
сгоре́ть (완료) - горе́ть (불완료)	태우다
сдава́ть (불완료) - сдать (완료)	내다, 넘기다
сде́лать (완료) - де́лать (불완료)	만들다, 행하다, 하다
сдо́хнуть (완료) - до́хнуть (불완료)	죽다; 맛이 가다
себя́	자신을
се́вер (단수)	북쪽
се́верный	북쪽의
сего́дня	오늘
седо́й	백발의
седьмо́й	일곱 번째의
сейча́с	지금
секрета́рь (남성)	비서
секу́нда	초
село́	농촌
се́льский	농촌의
се́льское хозя́йство	농업
семе́йный	가족의, 가정의
семе́стр	학기
семина́р	세미나
семна́дцать	17
семь	7
се́мьдесят	70
семьсо́т	700
семья́	가족

сентя́брь (남성)	9월
се́рвисный	서비스의
се́рдце	심장
серебро́	은
сере́бряный	은의, 은제품의
середи́на	중반
се́рый	회색의
серьёзно	진지하게
серьёзный	신중한
се́ссия	회의; 시험기간
сестра́	언니, 여동생; 누나
сесть (완료) - сади́ться (불완료)	타다, 앉다
сеть	네트워크
сиби́рский	시베리아의
сигаре́та	담배 한 개비
сиде́ть (불완료)	앉아 있다
си́ла	힘, 에너지
си́льный	힘센
си́мвол	상징
симво́лика	상징적 의미
символи́ческий	상징적인
сим-ка́рта	유심
симпати́чный	매력적인
си́ний	파란
систе́ма	체계
ситуа́ция	상황
сказа́ть (완료) - говори́ть (불완료)	말하다
ска́зка	동화
ски́дка	할인
ско́лько	얼마
ско́ро	곧
ско́рость	속도
скри́пка	바이올린

скрóмный	공손한, 겸손한
скýчно	지루하다
слаби́тельное	변비약
слáбый	약한, 기력이 없는
славя́нский	슬라브인의
слáдкий	달콤한
слáженность	협조
слéва	왼쪽에
слéдовательно	따라서, 그렇기 때문에
слéдующий	다음의
сленг	슬랭
сли́шком	지나치게, 과도하게
словáрь (남성)	사전
слóво	단어
слóжный	복잡한
сломáть (완료) - ломáть (불완료)	깨다, 부수다
слон	코끼리
служи́ть (불완료)	(…를 위해) 일하다, 근무하다
слýчай	경우, 사건
случáйно	우연하게
случáться (불완료) - случи́ться (완료)	일어나다
слýшать (불완료) - послýшать (완료)	듣다
слы́шать (불완료) - услы́шать (완료)	귀에 들려오다; 듣다
смартфóн	스마트폰
смéлый	용감한
смерть (여성)	죽음
смешнóй	우스운
смея́ться	웃다
смотрéть (불완료) - посмотрéть (완료)	보다
смочь (완료) - мочь (불완료)	할 수 있다
смывáться (불완료) - смы́ться (완료)	사라지다
смысл	의미
снарýжи	외부, 외면으로부터

снача́ла	처음에
снег	눈
снима́ть (불완료) - снять (완료)	외투를 벗다; 임대·임차하다
сно́ва	다시
соба́ка	개
снотво́рное	수면제
собесе́дование	인터뷰
собира́ть (불완료) - собра́ть (완료)	수집하다, 모으다
собира́ться (불완료) - собра́ться (완료)	모이다; ~하려고 하다
собо́р	성당; 사원
собра́ние	회의
собы́тие	사건
соверше́нный	완벽한
сове́т	충고
сове́товать (불완료) - посове́товать (완료)	충고하다
сове́товаться (불완료) - посове́товаться (완료)	상담하다
совреме́нный	현대의, 현대적인
совсе́м	전적으로, 완전히
согла́сен, согла́сна, согла́сны	찬성하다
согласи́ться (완료) - соглаша́ться (불완료)	동의, 합의하다
сожале́ние	유감, 애석
создава́ть (불완료) - созда́ть (완료)	창조하다
сок	주스
солда́т	병사
со́лнце	태양
соль (여성)	소금
сомнева́ться (불완료)	의심하다
сон	꿈
сообща́ть (불완료) - сообщи́ть (완료)	알리다
сообще́ние	통지, 메시지
соревнова́ние	경쟁
со́рок	40
сосе́д	이웃

сосéдка	이웃여자
сосéдний	이웃의
состоя́ть из (불완료)	성립되다, 되다
сóус	소스
сохрани́ть (완료) - сохраня́ть (불완료)	보전, 보존하다
социáльный	사회의
сочу́вствие	동정
сою́зник	동맹
спасáть (불완료) - спасти́ (완료)	구하다, 구조하다
спать (불완료)	자다
спектáкль (남성)	연극, 흥행물
спеть (완료) - петь (불완료)	노래하다
специали́ст	전문가
специáльность (여성)	전문성; 전공; 직업
специáльный	특별한
спинá	등
спи́чки (복수)	성냥
спокóйно	평온하게
Спокóйной нóчи!	밤 인사 (잘 자!)
спокóйный	평온한
спорт	스포츠, 운동
спорти́вный	운동의, 운동가다운
спортсмéн	운동선수
спосóбный	재능 있는, 유능한
спрáва	오른쪽에
справедли́вость	정의
спрáшивать (불완료) - спроси́ть (완료) (спрошу́)	묻다, 질문하다
спу́тник	동반자
спу́тница	여자 동반자
срáвнивать (불완료) - сравни́ть (완료)	비교하다
срáзу	즉시
средá	수요일
среди́	가운데

сре́дний	가운데의
сре́дство	수단
ссыпа́ть (불완료) - ссы́пать (완료)	(쏟아) 붓다
ста́вить (불완료) - поста́вить (완료)	내다, 제기하다, 세우다
стадио́н	경기장
стака́н	컵
станови́ться (불완료) - стать (완료)	(~이) 되다
ста́нция	지하철역
стара́ться (불완료) - постара́ться (완료)	애쓰다
стари́к	노인
ста́рость (여성)	노령, 노년
ста́рше	더 나이든
ста́рший	손위의
ста́рый	오래된, 늙은
стать (완료) - станови́ться (불완료)	~이 되다
статья́	기사; 소논문
стена́	벽
стипе́ндия	장학금
стира́ть (불완료) - постира́ть (완료)	닦아내다, 씻어내다
стира́льная маши́на	세탁기
стихи́	시
сто	100
сто́ить (불완료)	값이 얼마다
стол	책상
столи́ца	수도
столо́вая (명사)	식당
сто́лько	그만큼, 그것만큼
стоматоло́гия	치과
сторона́	면, 측, 쪽, 옆
стоя́ть (불완료)	서있다
сто́ящий	~할 만한
страда́ть (불완료) - пострада́ть (완료)	고통받다
страна́	나라

страни́ца	쪽
стра́нный	이상한
страхова́ние	보험
стра́шный	무서운
стреми́ться к (불완료)	돌진하다; 지향하다
стро́го	엄하게
строи́тель (남성)	건축가
строи́тельный	건축의
стро́ить (불완료) - постро́ить (완료)	건축하다, 짓다
стро́йка	건축
студе́нт	남자 대학생
студе́нтка	여자 대학생
студе́нческий	대학생의
стул	의자
сты́дно	부끄럽게, 부끄럽다
суббо́та	토요일
субти́тры	자막
сувени́р	기념품
судьба́	운명
суеве́рие	미신
су́мка	핸드백
суп	수프
суперма́ркет	슈퍼마켓
су́тки (복수)	24시간
сухо́й	마른, 건조한, 팍팍한
су́ши	초밥
суши́ть (불완료) - вы́сушить (완료)	건조하다
существова́ть (불완료)	생존하다, 살아있다
сфотографи́ровать (완료) - фотографи́ровать (불완료)	사진 찍다
сфотографи́роваться (완료) - фотографи́роваться (불완료)	촬영되다
сце́на	무대; 장면

счастли́вый	행복한
сча́стье	행운
счёт	계산, 계좌
счита́ть (완료)	생각하다
счита́ть (완료) - посчита́ть (сосчита́ть) (완료)	세다
сшить (완료) - шить (불완료)	깁다
съёмки	촬영
съесть (완료) - есть (불완료)	먹다
сыгра́ть (완료) - игра́ть (불완료)	놀다, 경기하다, 게임하다
сын	아들
сыр	치즈
сы́тный	배부른
сюда́	이리로, 이곳으로
Т	
табле́тка	알약
та́йна	비밀
так	그렇게, 매우
та́кже	또한
так как	왜냐하면, ~기 때문에
таки́м о́бразом	그리하여, 따라서
тако́й	그러한
такси́ (중성, 불변), маршру́тное ~	택시, 노선 택시
тала́нт	재능
тала́нтливый	재능 있는
там	그곳에, 저기에
тамо́жня	세관
та́нец	춤
танцева́ть (불완료)	춤추다
та́пки (та́почки)	슬리퍼
таре́лка	접시
твёрдый	단단한, 견고한
твой	너의
тво́рчество	창작, 작품

теáтр	극장
текст	본문
телеви́зор	텔레비전
телефóн	전화
тéло	몸
тéма	주제
темнó	어둡다
температýра	온도, 체온
тéннис	테니스
теорети́ческий	이론적인
теóрия	이론
тепéрь	이제
теплó	따뜻하다, 따뜻하게
теплохóд	여객선
терапéвт	내과의사
территóрия	영토
теря́ть (불완료) - потеря́ть (완료)	잃다
тетрáдь (여성)	노트
тéхника	기술
техни́ческий	기술의
тёмный	어두운
тёплый	따뜻한
тётя	이모, 숙모, 아주머니
ти́хий	조용한, 고요한
ти́хо	조용하다, 조용히
ти́ше	더 조용히
тишинá	고요함
товáр	상품
тогдá	그때; 그러면
то есть	즉
тóже	역시, ~도
тóлстый	굵은, 뚱뚱한
тóлько	단지, 오직

то́лько что	방금
то́нкий	얇은, 갸름한
торго́вля	상업
торго́вый	상업의
торт	케이크
тост	건배
тот	그것
то́чка	점
то́чно	정확하다, 정확하게
то́чный	정확한
трава́	풀
тради́ция	전통
трамва́й	전차
тра́нспорт	교통수단
тра́пеза	진지
тра́тить (불완료) - потра́тить (완료)	쓰다, 낭비하다
тре́бовать (불완료) - потре́бовать (완료)	요구하다, 청구하다
тренирова́ться (불완료)	연습하다
трениро́вка	연습, 훈련
тре́тий	세 번째의
три	3
три́дцать	30
трина́дцать	13
три́ста	300
тро́е	3개, 3인
тро́йка	3, 3점
тролле́йбус	무궤도전차
труд	노동, 작품
тру́дно	어렵게, 어렵다, 힘들다
тру́дный	어려운
трудолюби́вый	근면한
туда́	그곳으로
тума́н	안개

тури́ст	관광객
тут	여기에
ту́фли	구두
ту́ча	먹구름
ты	너
ты́сяча	1000
тюрьма́	감옥
тя́га	욕구
тяжёлый	무거운, 힘든
У	
у	~에게, 옆에
убега́ть (불완료) - убежа́ть (완료)	도망하다
убеди́ть (완료) - убежда́ть (불완료)	설득하다
убива́ть (불완료) - уби́ть (완료)	죽이다
убира́ть (불완료) - убра́ть (완료)	거두다, 치우다
уважа́емый	존경하는
уважа́ть (불완료)	존경하다
увезти́ (완료) - уводи́ть (불완료)	데리고 떠나다, 운반해가다
увели́чиваться (불완료) - увели́читься (완료)	증가, 증대되다
уве́рен, уве́рена, уве́рены	확신하다
уви́деть (완료) - ви́деть (불완료)	보다, 알게 되다
увлека́ться (불완료) - увле́чься (완료)	열중하다, 몰두하다
увлече́ние	열중, 몰두
увози́ть (불완료) - увезти́ (완료)	(태워서) 데리고 나가다
у́гол	구석
уго́ль (남성)	석탄
угоща́ть (불완료) - угости́ть (완료)	접대하다
угоще́ние	접대
удава́ться (불완료) - уда́ться (완료)	성공하다
уда́р	타격, 일격
ударе́ние	강세
уда́рить (완료) - ударя́ть (불완료)	때리다, 치다
уда́ча	행운

удиви́тельный	놀라운
удиви́ться (완료) - удивля́ться (불완료)	놀라다
удивле́ние	놀람
удо́бно	편리하다, 안락하다
удо́бный	편리한, 안락한
удово́льствие	만족, 위안
уезжа́ть (불완료) - уе́хать (완료) (уезжа́ю, уезжа́ешь; уезжа́й)	타고 떠나다
ужа́сно	무섭게, 무섭다
ужа́сный	무서운, 두려운
уже́	벌써, 이미
ужива́ться (불완료) - ужи́ться (완료)	공존하다
у́жин	저녁식사
у́жинать (불완료) - поу́жинать (완료)	저녁 먹다
УЗИ́ - ультразвуково́е иссле́дование	초음파 검사
у́зкий	좁은
узнава́ть (불완료) - узна́ть (완료)	알다, 이해하다
уйти́ (완료) - уходи́ть (불완료)	떠나가다
уко́л	주사
укрыва́ться (불완료) - укры́ться (완료)	덮혀지다
улета́ть (불완료) - улете́ть (완료)	날아가다
у́лица	거리
улучша́ть (불완료) - улу́чшить (완료)	개량, 개선하다
улучша́ться (불완료) - улу́чшиться (완료)	고쳐지다, 좋아지다
улыба́ться (불완료) - улыбну́ться (완료)	웃다, 미소 짓다
улы́бка	미소
уменьша́ться (불완료) - уме́ньшиться (완료)	줄다, 작아지다
умере́ть (완료) - умира́ть (불완료)	죽다
у́мерший	고인
уме́ть (불완료) - суме́ть (완료)	할 줄 알다
у́мный	현명한
умыва́ться (불완료) - умы́ться (완료)	세면하다
универма́г	백화점

университе́т	대학교
университе́тский	대학교의
уника́льный	독특한
упа́сть (완료) - па́дать (불완료)	떨어지다, 쓰러지다
употребля́ть (불완료) - употреби́ть (완료)	쓰다, 이용하다
упражне́ние	연습문제
упроща́ть (불완료) - упрости́ть (완료)	단순화하다
урожа́й	수확
уро́к	수업
уси́ливать (불완료) - уси́лить (완료)	강화하다
ускоря́ть (불완료) - уско́рить (완료)	가속화하다
усло́вие	조건
услы́шать (완료) - слы́шать (불완료)	듣다, 귀에 들어오다
услы́шанное	들은 것
устана́вливать (불완료) - установи́ть (완료)	설치하다
успева́ть (불완료) - успе́ть (완료)	성공하다
успе́х	성공
успе́шно	성공적이다
успока́иваться (불완료) - успоко́иться (완료)	진정되다
успокои́тельное	진정제
устава́ть (불완료) - уста́ть (완료)	피곤하다
уста́лый	지친, 피로한
у́стный	구두의, 구술의
у́стно	구술로 하다
устра́ивать (불완료) - устро́ить (완료)	만들다
устраня́ть (불완료) - устрани́ть (완료)	치우다
уступа́ть (불완료) - уступи́ть (완료)	´양보하다
усы́ (복수)	콧수염
у́тренний	아침의
у́тро	아침
у́тром	아침에
у́хо (단수) - у́ши (복수)	귀

у́хо-го́рло-нос (оториноларинголо́гия, ЛОР-отделе́ние)	이비인후과
уча́ствовать (불완료)	참가하다
уче́бник	교과서
уче́бный	교육의, 학습의
учени́к	제자
учени́ца	여자 제자
учёба	학업, 공부
учёный (명사)	학자
учи́лище	학교
учи́тель (남성)	선생
учи́тельница	여자 선생
учи́ть (불완료) - вы́учить (완료)	외우다
учи́ть (불완료) - научи́ть (완료)	가르치다
учи́ться (불완료)	공부하다; 학교 다니다
учи́ться (불완료) - научи́ться (완료)	배우다
Ф	
фа́брика	공장
факс	팩스
факт	사실
факульте́т	단과대학
фами́лия	성
февра́ль (남성)	2월
фе́рмер	농장주
фестива́ль (남성)	축제
фигу́рное ката́ние	피겨스케이트
фи́зик	물리학자
фи́зика	물리학
физи́ческий	물리학의
фило́лог	어문학자
филологи́ческий	인문의
филоло́гия	인문학
фило́соф	철학자

филосо́фия	철학
филосо́фский	철학의
фильм	영화
фильтрова́ть	여과하다
фи́рма	회사
флаг	깃발
фле́шка	USB
фонта́н	분수
фо́рма	형태
форма́т	규격
фотоаппара́т	사진기
фотографи́ровать (불완료) - сфотографи́ровать (완료)	사진 찍다
фотогра́фия	사진
фра́за	구절
фронт	대열, 정면
фру́кты (복수)	과일
фуже́р	샴페인 잔
футбо́л	축구
футболи́ст	축구선수
футбо́льный	축구의
Х	
ха́кер	해커
хара́ктер	특성, 성격
хвали́ть (불완료) - похвали́ть (완료)	칭찬하다
хвата́ть (불완료) - хвати́ть (완료)	충분하다
хи́мик	화학자
хими́ческий	화학의
хи́мия	화학
хиру́рг	외과 의사
хирурги́я	외과
хлеб	빵
хле́бцы	곡물 크래커

хло́пья	시리얼
хо́бби (불변, 중성)	취미
ходи́ть (부정향) - идти́ (정향) (хожу́; иду́; иди́)	걸어 다니다
хозя́ин	주인
хозя́йка	여주인
хоккеист	하키 선수
хокке́й	하키
хо́лодно	춥다
холо́дный	차가운, 추운
хор	합창단
хоро́ший	훌륭한, 좋은
хорошо́	잘, 좋다, 좋아
хостел	호스텔
хоте́ть (불완료) - захоте́ть (완료)	원하다, 하고 싶다
хоте́ться (불완료) - захоте́ться (완료)	원하다
хотя́	비록 ~이지만, ~에도 불구하고
храм	사원
худо́жественный	예술의
худо́жник	화가
худо́й	여윈, 나쁜
ху́же	더 나쁘게
Ц	
царь (남성)	황제
цвет	색깔
цветно́й	색깔의
цветы́ (복수)	꽃
целова́ть (불완료) - поцелова́ть (완료)	키스하다
целова́ться (불완료) - поцелова́ться (완료)	서로 입을 맞추다
це́лый	완전한
цель (여성)	목적, 과녁
цена́	가격
цензу́ра	검열
цени́ть (불완료) - оцени́ть (완료)	평가하다, 가격을 정하다

це́нный	고가의, 가치 있는
центр	센터, 시내, 중심지
центра́льный	중앙의
це́рковь (여성)	교회
цирк	서커스
ци́фра	숫자
Ч	
чай	차
ча́йник	차주전자
час	시, 시간
ча́сто	자주
часть (여성)	부분
часы́ (복수)	시계
ча́шка	찻잔
чей, чья, чьё, чьи	누구의 것
че́й-нибудь	(불특정 다수) 누군가의 (소유)
че́й-то	누군가의 (소유)
челове́к	사람
чем	~보다 더
чемода́н	캐리어
чемпио́н	챔피언
чемпиона́т	선수권 대회
че́рез	~후에
че́стный	정직한
четве́рг	목요일
че́тверо	4개, 4인
че́тверть (여성)	¼
четвёртый	네 번째의
четы́ре	4
четы́реста	400
четы́рнадцать	14
чёрный	검은
чёрт	악마

числи́тельное	수사
число́	숫자
чи́стый	깨끗한
чита́льный зал	열람실
чита́тель (남성)	독자
чита́ть (불완료) - прочита́ть (완료)	읽다
член	회원, 일원
чте́ние	읽기
что	무엇
что́бы	~을 하기 위해서
что́-нибудь	무엇이든
что́-то	무엇인가
чу́вство	느낌
чу́вствовать (불완료) - почу́вствовать (완료)	느끼다
чу́до	기적
чужо́й	낯선, 타인의
чуть-чу́ть	아주 조금
чу́чело	허수아비
Чхусок	추석
Ш	
шампу́р	쇠꼬챙이
ша́пка	모자
шарф	스카프
шаурма́ (шаве́рма)	샤와르마
шахмати́ст	체스 선수
ша́хматы (복수)	체스
шашлы́к	샤슬릭, 꼬치구이
шестна́дцать	16
шесто́й	여섯 번째의
шесть	6
шестьдеся́т	60
шестьсо́т	600
ше́я	목

широ́кий	넓은
шить (불완료) - сшить (완료)	깁다, 꿰매다
шкаф	찬장, 장롱
шко́ла	학교
шко́льник	초등·중·고등학생
шко́льница	여자 초등학생
шни́цель	슈니첼 (돈가스)
шов (단수) - швы (복수)	매듭
шокола́д	초콜릿
шоссе́ (불변)	고속도로
шту́ка	(몇) 개
шум	소음
шуме́ть (불완료)	떠들다
шу́мно	시끄럽다
шути́ть (불완료) - пошути́ть (완료)	농담하다
шу́тка	농담
Щ	
щека́	볼, 뺨
щётка	솔, 브러시
щи	전통 수프 '쉬' (양배추 수프)
щипа́ть (불완료)	꼬집다; 따갑다
Э	
экза́мен	시험
экологи́ческий	생태학의
эколо́гия (단수)	생태학
эконо́мика (단수)	경제
экономи́ст	경제학자
эконо́мить (불완료) - сэконо́мить (완료)	절약하다
экономи́ческий	경제학의
экску́рсия	단체견학
экскурсово́д	안내인
экспериме́нт	실험
э́кспорт	수출

э́кстренный	응급, 비상의
электри́чество	전기
электро́ника	전자제품
электроста́нция	발전소
энерги́чный	활동적인, 정력적인
энерге́тик	에너지 탄산음료
эне́ргия	에너지, 힘
энциклопе́дия	백과사전
эпо́ха	시대, 시기
эта́ж	층
эта́п	발전, 진전의 단계
этике́т	예절
э́то	이것은
э́тот, э́та, э́то, э́ти	이
эффе́ктный	인상적인
Ю	
юа́нь	위안화
ю́бка	치마
юг	남쪽
ю́жный	남쪽의
ю́мор	유머
ю́ность (여성)	청춘
ю́ноша (남성)	젊은이
юриди́ческий	법률의
юри́ст	변호사
Я	
я	나
я́блоко	사과
явля́ться (불완료) - яви́ться (완료)	나타나다, ~이다
я́года	열매, 베리
я́дерный	핵의
язы́к	혀; 언어
яйцо́	계란

янва́рь (남성)	1월
я́ркий	선명한
я́рмарка	시장
я́сно	분명하다, 명백하다

저자소개

드에드워드 | De Edward

- 2001-2008년 상트페테르부르크 대학교 박사, 외국어로서의 러시아어 (러시아어)
- 2016-2019년 계명대학교 실크로드중앙아시아연구원 국제부장 역임
- 2003-현재 TORFL 전담 시험관
- 2012-현재 계명대학교 러시아중앙아시아학과 조교수

- 2001-2008 Ph.D., St. Petersburg University,
  Russian as a Foreign Language (Russian)
- 2016-2019 Director of International Affairs,
  Silk Road Central Asia Research Institute
- 2003-present Certified TORFL Tester
- 2012-present Assistant Professor,
  Department of Russian and Central Asian Studies, Keimyung University